人文社科
高校学术研究论著丛刊

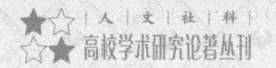

企业会计与"互联网+"融合优化路径研究

李琴 著

中国书籍出版社
China Book Press

图书在版编目(CIP)数据

企业会计与"互联网＋"融合优化路径研究 / 李琴著. -- 北京：中国书籍出版社，2022.10
ISBN 978-7-5068-9245-2

Ⅰ.①企… Ⅱ.①李… Ⅲ.①企业会计－研究 Ⅳ.①F275.2

中国版本图书馆 CIP 数据核字(2022)第 201338 号

企业会计与"互联网＋"融合优化路径研究

李 琴 著

丛书策划	谭 鹏 武 斌
责任编辑	吴化强
责任印制	孙马飞 马 芝
封面设计	东方美迪
出版发行	中国书籍出版社
地 址	北京市丰台区三路居路 97 号（邮编：100073）
电 话	(010)52257143（总编室） (010)52257140（发行部）
电子邮箱	eo@chinabp.com.cn
经 销	全国新华书店
印 厂	北京亚吉飞数码科技有限公司
开 本	710 毫米×1000 毫米 1/16
字 数	214 千字
印 张	13.5
版 次	2023 年 3 月第 1 版
印 次	2023 年 7 月第 2 次印刷
书 号	ISBN 978-7-5068-9245-2
定 价	82.00 元

版权所有 翻印必究

目 录

第一章　企业会计概述 ……………………………………………… 1
　　第一节　会计概述 ……………………………………………… 1
　　第二节　会计的产生与发展 …………………………………… 16
　　第三节　会计的科目、账户与要素 …………………………… 19

第二章　"互联网＋"概述 …………………………………………… 34
　　第一节　"互联网＋"的内涵 …………………………………… 34
　　第二节　"互联网＋"的发展 …………………………………… 39

第三章　"互联网＋"背景下企业会计面临的挑战 ………………… 42
　　第一节　"互联网＋"背景下企业的经营环境分析 …………… 42
　　第二节　"互联网＋"背景对会计的影响 ……………………… 48
　　第三节　互联网时代的财务会计与管理动向的分析研究 …… 53

第四章　"互联网＋"背景下企业会计人才的培养 ………………… 70
　　第一节　"互联网＋"背景下企业会计人才培养的现状 ……… 70
　　第二节　"互联网＋"背景下会计人才培养现状的改革措施 … 79
　　第三节　"互联网＋"背景下会计人才向管理会计人才的
　　　　　　转型 …………………………………………………… 88

第五章　"互联网＋"背景下企业财务会计及其管理优化研究 …… 92
　　第一节　预算管理 ……………………………………………… 92
　　第二节　成本控制 ……………………………………………… 105
　　第三节　利润及利润分配 ……………………………………… 129
　　第四节　"互联网＋"背景下的财务管控与成本管理 ………… 141

第六章　"互联网＋"背景下的会计信息系统发展前沿 …………… 146
第一节　会计信息系统建设 …………………………………… 146
第二节　会计信息化的技术实现 ……………………………… 171
第三节　财务共享 ……………………………………………… 181
第四节　XBRL——可拓展的商务报告语言 ………………… 203

参考文献 …………………………………………………………… 207

第一章　企业会计概述

会计是人类社会发展到一定阶段的必然产物。随着社会生产力的发展,生产规模的不断扩大,社会产品逐渐增多,生产管理日趋复杂,会计的重要性也就越来越明显。有些人认为会计就是算账、记账、报账和用账,这只是从会计工作的表面现象和某些方面进行的总结,还未深入会计的本质。因此,我们必须先研究分析一些有关的问题,然后才能正确地了解会计的本质。本章就对会计的相关基础知识展开分析。

第一节　会计概述

一、会计的含义

会计是以货币为主要计量单位,采用专门方法和程序,对企业和行政、事业单位的经济活动进行完整的、连续的、系统的核算和监督,以提供经济信息和反映受托责任履行情况为主要目的的经济管理活动。[1]

---

[1] 高顿财经研究院. 初级会计实务(上册)[M]. 上海:立信会计出版社,2020.

二、会计的特点

概括来说,会计具有以下几个鲜明特点(图1-1)。

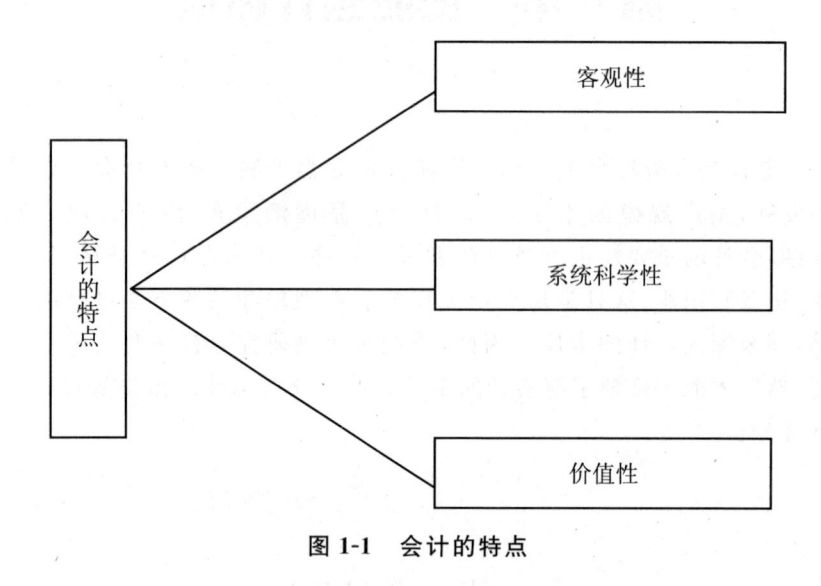

图 1-1 会计的特点

(一)客观性

会计账簿记录以会计凭证为基础,有利于真实、准确地反映企业的经营管理活动。准确填制和严格审核会计凭证,对实现会计职能以及充分发挥会计作用具有重要意义。

(二)系统科学性

会计可以为经济活动提供及时、连续、全面和系统的数据。随着企业规模的扩大和经济活动的日益复杂,在企业管理方面,会计除了提供反映现状的指标外,还需要提供预测未来的数据,从而为企业的战略决策提供依据,最终实现企业的经营目标。

(三)价值性

会计要想全面、及时、连续、系统地反映企业经营活动,就必须以货币为主要计量单位,而不能以各种实物为计量单位。企业的生产要素在实物形态上不具有相加性,这就不利于企业资产规模和结构的考察,货币为主要度量手段引入就使得这一矛盾迎刃而解,这是由生产要素在价值形式上具有同质性所决定的。

三、会计的对象

在不同的企业或单位,资金运动的形式和内容各有不同,因此会计的具体对象也有所不同。概括来说,会计的对象主要包括以下几个(图1-2)。

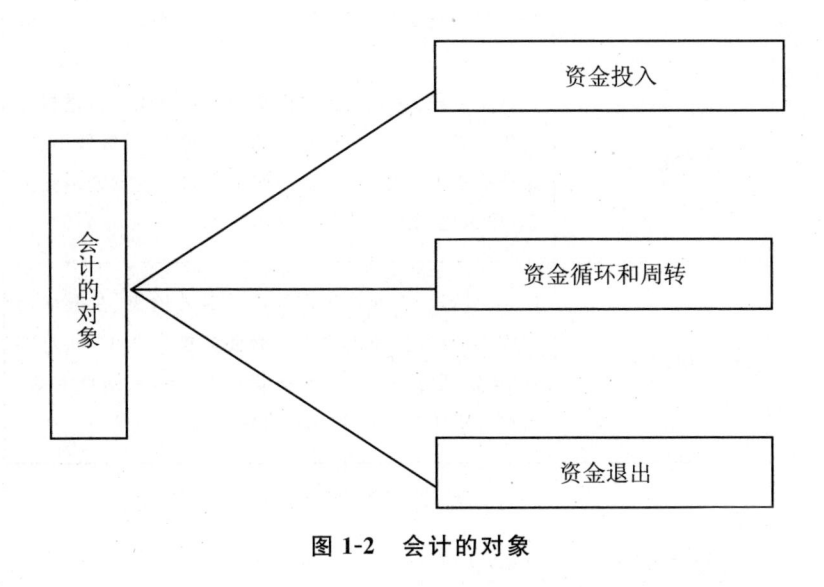

图 1-2 会计的对象

(一)资金投入

资金投入包括两部分:企业所有者投入的资本和债权人投入的资金。前者构成企业的所有者权益,后者构成企业的债权人权益。资金投入是企业获得资金的过程,是资金运动的起点。投入企业的资金一部分形成流动资产,另一部分形成企业固定资产等非流动资产。

(二)资金循环和周转

资金循环与周转即资金的运用,是指资金投入企业后,在供应、生产和销售环节不断循环与周转的过程。具体又分为供应、生产和销售三个阶段(表1-1)。

表1-1　资金循环和周转的阶段

资金循环和周转的阶段	具体阐述
供应阶段	在这个阶段,企业利用投入的资金购买并储备原材料等劳动对象,为生产产品做充分的物资准备,同时要发生材料买价、运输费、装卸费等材料采购成本,与供货方发生货款的结算关系
生产阶段	在这个阶段,生产工人借助机器设备对原材料进行加工生产,同时产生生产材料的消耗费用、工资费用、固定资产折旧费用,使企业与职工之间发生工资结算关系,单位之间发生劳务结算关系等
销售阶段	在这个阶段,企业将生产的产品对外销售,在取得销售收入的同时,还需要支付必要的销售费用,如包装费、运输费、广告费等,与购货商发生货款结算关系、与税务机关发生税务结算关系

(三)资金退出

资金退出是指资金离开本单位,退出在本单位的资金的循环和周转。资金退出是资金运动的终点。

上述资金运动的三个基本环节是相互支撑、相互制约的统一体。没有资金的投入,就不会有资金的循环和周转;没有资金的循环和周转,就不会有债务的偿还、税金的上缴和利润的分配等;没有资金的退出,就不会有新一轮资金的投入,也就不会有企业的进一步发展。

四、会计的职能

会计职能是指会计在经济管理过程中所具有的功能,其主要包括以下几种(图1-3)。

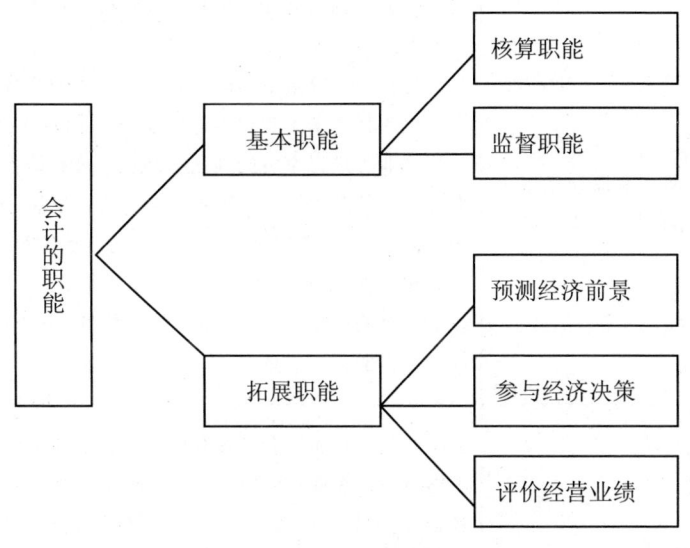

```
                        ┌─ 核算职能
              ┌─ 基本职能 ┤
              │         └─ 监督职能
会计的职能 ─┤
              │         ┌─ 预测经济前景
              └─ 拓展职能 ┼─ 参与经济决策
                        └─ 评价经营业绩
```

图 1-3 会计的职能

(一)会计的基本职能

1. 会计的核算职能

会计的核算职能是指会计管理活动以货币为主要计量单位,通过确认、计量、记录和报告,运用专门的方法,从数量上反映各单位已经发生或完成的经济活动,为经济管理提供完整、连续、系统的会计信息的功能。它是会计最基本的职能,具有以下特征(表1-2)。

表 1-2　会计核算职能的特征

会计核算职能的特征	具体阐述
主要以货币为计量单位	计量单位主要有实物度量、劳动度量和货币度量。实物度量(如台、件、公斤、吨)的缺点是不能综合反映经济现象和结果,只能单个进行反映;劳动度量(劳动工时)能解决综合反映问题,但由于各单位机械化、电子化程度不同,劳动生产率有别,从而不可比;而货币度量可以对各种经济活动进行综合反映
会计核算内容既包括事中核算、事后核算,也包括事前核算	会计核算的内容主要是已经发生或完成的经济活动,同时也为预测未来提供信息。会计核算对已经发生的经济业务进行事后的确认、计量、记录和报告,这是会计核算的基础工作。随着社会经济的发展,市场竞争日益激烈,企业经济活动日益复杂,经营管理需要加强预测性。因此,会计核算从事中核算、事后核算扩展到事前核算、分析和预测经济前景,为经营管理提供更多的会计信息
会计核算具有完整性、连续性和系统性	完整性是指凡属于会计核算的内容都必须加以记录,不能有任何遗漏;连续性是指各种经济业务的确认、计量、记录和报告都要连续进行,不能有任何中断;系统性是指会计提供的数据资料必须在科学分类的基础上形成相互联系的有序整体

2. 会计的监督职能

会计监督是指会计机构、会计人员按照一定的目的和要求,利用会计核算所提供的信息,对企事业单位经济活动的全过程进行控制和指导,以达到预期目标的功能。会计的监督职能具有以下几个特点。

(1)会计监督的主体是会计机构、会计人员。

(2)主要利用各种价值指标对经济活动进行货币监督。

(3)会计监督的依据主要包括财经法律、法规、规章,会计法律、法规和国家统一会计制度等。

(4)会计监督贯穿于经济活动的全过程,包括事前监督、事中监督和事后监督。其中,事前监督主要表现为对计划和预算的审核;事中监督主要表现为对日常经济活动的适时限制和调整;事后监督主要表现为对已经完成的经济活动的合理性、合法性和有效性进行的检查、分析、评价以及必要的纠正活动。

(二)会计的拓展职能

除了基本职能外,会计还具有拓展职能,主要包括以下几方面(表1-3)。

表1-3 会计的拓展职能

会计的拓展职能	具体阐述
预测经济前景	指根据会计报告等信息,对经济活动的发展变化规律进行定量或定性判断和推测,以指导和规范经济活动,提高经济效益
参与经济决策	是指基于财务会计报告等信息,采用定量和定性分析方法,对备选方案进行经济可行性分析,为企业生产经营管理提供决策相关信息
评价经营业绩	指使用财务会计报告等信息,并使用适当的方法对企业资产在固定经营期内的经济效益和其他经营成果与相应标准进行比较,并进行定量和定性的比较分析,以做出真实的、客观公正的综合评价

五、会计信息使用者

(一)国家有关政府部门

国家是国民经济的管理者,企业是国民经济的细胞。为了制定宏观经济管理的调控措施,国家必然需要了解企业资源的配置情况、经济效益的高低等会计信息。同时,国家还是国有企业主要或唯一的投资者,作为投资者,自然也需要会计信息。

企业会计信息的使用者包括以下几种(图1-4)。

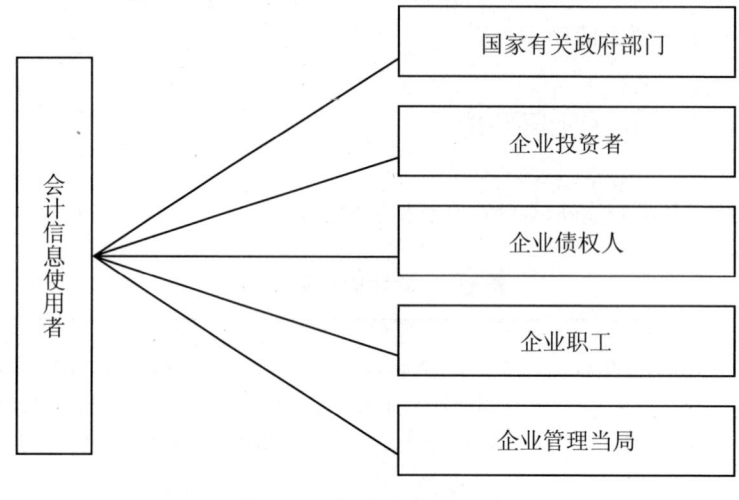

图1-4 会计信息使用者

(二)企业投资者

在所有权与经营权分离的情况下,企业投资者要了解企业的财务状况和管理当局的经营业绩,以判断管理当局是否实现了企业的经营目标;要分析企业所处行业的市场前景与发展潜力和面临的风险,以做出维持现有投资、追加投资还是转让投资的决策等。另外,对于企业潜在投资者而言,他们要利用会计信息评价企业的各种投资机遇,估计投资预期成本、收益及投资风险等,以便选择恰当的投资对象。

(三)企业债权人

债权人是企业信贷资金的提供者,信贷资金是企业资金最重要的来源之一。债权人提供信贷资金的目的是按照约定条件收回本金与获取利息收入。因此,为了掌握企业能否按时还本付息,债权人要了解企业负债的构成等会计信息,以便做出各种决策。

(四)企业职工

按照有关法律规定,企业研究决定生产经营的重大问题、制定重要的规章制度时,企业研究决定有关职工工资、福利、劳动保险等涉及职工切身利益的问题时,都应当听取工会和职工的意见和建议。

(五)企业管理当局

企业管理当局为了履行受托责任,完成既定的经营目标,保证资本的保值与增值,实现股东财富最大化的财务目标,必须加强对企业的管理。而企业的会计信息是进行管理必须掌握的基本资料,同时也是制定企业未来经营决策的主要依据。

除了上面所述及的会计信息使用者外,还存在许多其他会计信息使用者。例如,企业的供应商与客户,出于自身利益也会关注企业的会计信息;对于上市公司,会计信息的使用者还会涉及证券分析师与一般公众;经济学家同样是企业会计信息的使用者;等等。

六、会计学科与会计职业

(一)会计学科

会计学科也称会计学,是一门研究会计理论、会计方法的经济管理学科,是人们对会计实践进行科学总结而形成的知识体系。会计学科的分支可以从不同的角度进行划分。

1. 根据会计所服务的领域划分

根据会计所服务的领域,可以将会计学科分为以下几大类(表1-4)。

表 1-4　根据会计所服务的领域划分会计学科

根据会计所服务的领域划分会计学科	具体阐述
企业会计	企业会计(又称营利组织会计)是以企业为会计主体的会计,以资产、负债、所有者权益收入、费用、利润为会计要素,通过核算提供一个营利组织的财务状况、经营成果与现金流量等有关的会计信息
非企业会计	非企业会计是不以营利为目的的组织为会计主体的会计,主要包括政府机关、学校、医院、科研机构、社会团体、基金会和慈善机构等。其具体包括财政总预算会计、行政事业单位会计、民间非营利组织会计、基金会计等

2. 根据会计信息的使用者划分

根据会计信息的使用者,可以将会计学科分为以下两类(表 1-5)。

表 1-5　根据会计信息的使用者划分会计

根据会计信息的使用者划分会计	具体阐述
财务会计	财务会计是以会计信息的外部使用者为主要服务对象,运用复式簿记系统的专门方法,以公认或法定的会计准则为依据,对企业的生产经营过程进行核算和监督,旨在为所有者、债权人及其他利益相关者提供会计信息的对外报告会计
管理会计	管理会计是以会计信息的内部使用者为主要服务对象,以企业内部各个责任单位为会计主体,通过对会计信息的深加工和再利用,实现对企业经济活动的预测、决策、规划、控制、评价与考核,旨在为企业管理者提供内部经营管理和经营决策所需的会计信息的对内报告会计

（二）会计职业

会计职业是随着社会经济的发展而发展的,是指会计的专业工作领域。社会经济发展的水平越高,会计工作的内容越丰富,会计工作的领域也就越宽广。在国外,会计职业存在着私人会计师、注册会计师和政府会计师三种类型。我国的会计职业与国外相类似,会计人员可以在某一公司、企业或组织从事会计工作,也可以在政府的财政部门、税务部门以及国有资产、银行、保险等监管机构从事会计工作。

注册会计师也是我国重要的会计职业。注册会计师及其会计师事务所通过收取服务费为企业或组织提供审计服务和管理咨询服务。此外,会计专业还包括会计教学和会计研究。在中国,从事会计工作的人员应当具备会计工作所需的专业能力,从事注册会计师职业的人员必须取得注册会计师资格。

七、会计机构

（一）会计机构的设置

1. 西方企业的组织系统

任何企业都可以划分为各个不同的职能部门,使企业的经营活动更加易于管理。

西方制造型公司的组织大体上可分为生产部门和服务部门两大系统。凡是直接处理产品的生产和销售活动的,称为生产部门。至于其他部门,因为都是支持生产部门的工作,或为生产部门服务,所以称为服务部门。西方企业中会计部门和财务部门一般是分开设置的。会计机构的负责人为"会计长",由于他的职责和工作性质相当于我国的总会计师,所以也可以称为"总会计师"。财务机构的领导为"财务主任",他主要负责企业的财务问题。

美国高级财务人员协会规定的总会计师与财务主任的职责划分如表 1-6 所示。

表 1-6　美国高级财务人员协会规定的总会计师与财务主任的职责划分

总会计师	(1)规划与控制
	(2)编制报告并进行解释
	(3)业绩评价与咨询
	(4)税务管理
	(5)向政府提出报告
	(6)保护财产安全
	(7)经济评价
财务主任	(1)提供资金
	(2)与投资人联系
	(3)短期理财
	(4)与银行往来并委托银行保管货币资金
	(5)放账与收款
	(6)投资
	(7)保险

从表 1-6 可以看出，总会计师履行的前三项职责都属于管理会计的范畴。在总会计师之下，按照计划、控制、税务、会计与审计等专门领域的划分，分别由管理会计师、成本会计师、财务会计师、税务专家、审计专家等负责管理。总会计师的业务系统如图 1-5 所示。

2. 管理会计机构的设置

在会计机构内部，根据工作需要和企业的具体情况，可以单独设置独立的管理会计机构，并配备必要的管理会计人员；也可以由财务会计人员兼任管理会计职务。但是，为了保证管理会计工作的全面开展，在规模较大的企业里，把管理会计机构与财务会计机构分开设置，并分别配备专职的会计人员，是非常必要的。

第一章 企业会计概述

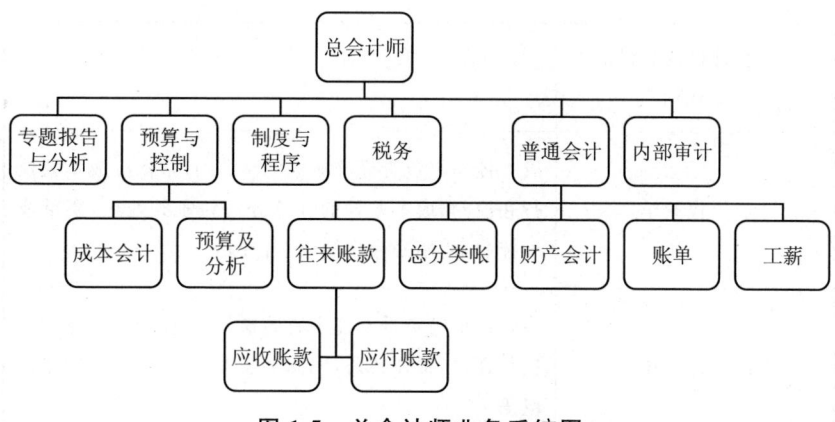

图 1-5 总会计师业务系统图

在大中型企业中,管理会计机构可以分设以下几个小组,每个小组的职责和要求如表 1-7 所示。

表 1-7 管理会计机构分设的小组及其职责要求

管理会计机构分设的小组	职责要求
预测分析组	预测分析组负责成本按性态分类,进行本量利分析;包括销售预测、成本预测、利润预测、资金需要量的预测等
决策分析组	决策分析组负责搜集决策所需的资料,进行生产决策,确定生产什么、生产多少、怎样生产等问题;进行定价决策,确定产品最优售价,判断分析调价方案的可行性;进行存货决策,确定经济订货量、再订货点和最优生产批量;进行长期投资决策,判断长期投资决策方案的可行性,比较投资方案的优劣,确定最优方案
全面预算组	全面预算组负责全面预算中各项经营预算、财务预算和资本支出预算表格的设计;确定具体预算的编制方法;预算的执行、调整和检查分析;预算差异的具体处理

续表

管理会计机构分设的小组	职责要求
成本控制组	成本控制组负责标准成本的制定,日常标准成本的执行和控制,成本差异的计算分析和账务处理,质量成本控制,使用寿命周期成本控制等
绩效评价组	绩效评价组负责责任中心的划分,责任中心的业绩考核与评价,责任转账,编制责任报告,确定内部转移价格等

根据企业规模大小和管理要求不同,以上几个小组也可以适当合并或细分,以适应企业加强内部管理的需要。

(二)会计机构的具体任务

这里主要对业务主管部门会计机构和单位会计机构的具体任务进行简要阐述(表1-8)。

表1-8 会计机构的具体任务

业务主管部门会计机构的具体任务	(1)负责组织、领导和监督所属单位的会计工作
	(2)根据国家统一规定要求,制定适用于本行业的会计制度
	(3)检查和指导所属单位的会计工作,并帮助解决工作上存在的问题
	(4)审核、批复所属单位上报的会计报表,并汇总编制本系统的会计报表或编制合并会计报表
	(5)核算本单位与财政部门以及上下级之间的交拨款项
	(6)总结并交流所属单位会计工作的先进经验

第一章　企业会计概述

续表

单位会计机构的具体任务	(1)参与编制各项经济计划、定额标准,签订经济合同,参加经济管理,参与经营决策
	(2)执行并有权要求全体职工执行财务计划、财务会计制度,遵守和维护财经纪律
	(3)记录经济活动,为管理者、投资者、其他财务相关人员提供真实可靠的会计资料和真实、完整的财务会计报告
	(4)分析财务计划的执行情况,提出增产节约、提高经济效益的建议
	(5)检查资产的利用情况,防止经济上的损失浪费和违法乱纪行为等

(三)会计机构负责人与会计主管

对于单独设置会计机构的企业,应指定会计机构的负责人具体组织管理本企业的会计工作;对于未单独设置会计机构的企业,只在其他机构配备会计人员,应该在会计人员中指定会计主管人员,具体组织管理本企业的会计工作。这里的会计主管人员是指负责组织会计工作、行使会计机构负责人职权的中层管理人员。

作为会计机构负责人或会计主管人员,应当具备会计师以上专业技术职务资格或者具有从事会计工作三年以上的经历,必须身体状况良好,具备一定的领导才能和组织能力,包括协调沟通能力、综合分析能力等,应熟悉国家财经法律、法规和规章制度,精通会计理论及本行业业务的管理知识,且遵纪守法,坚持原则,具备良好的职业道德。

会计机构负责人或会计主管的岗位职责,包括协助总经理、总会计师具体负责会计机构的各项工作;认真贯彻国家有关财经法规、制度,熟悉本企业各部门的经济活动;定期开展经济活动和财务成果分析,负责会计机构内的分工,合理协调并考核各个岗位的工作;组织编制全年的财务成本计划和筹资计划,并监督执行;参与本企业的财务预测、经济决策,参与拟定本企业会计管理制度和财务管理方法、经济合同、协议及其他经济文件,协助总经济师、总会计师向董事会报告财务状况和经营成果;审查对外提供的会计资料,组织编辑会计决算报告;检查会计事项,正确反映和监督经济活动情况;对固定资产、流动资产核定资金定额,实行归口管理,负责监督会计工作的交接等。

第二节 会计的产生与发展

一、会计萌芽及古代会计发展阶段

15世纪以前是会计萌芽及古代会计发展阶段。人类要生存,就需要进行物质生产;人类要发展,就必须要求物质生产要以最少的劳动耗费取得最大的经济效益。为了使劳动所得大于劳动所耗,人们通过生产和生活实践,很早就意识到在进行物质生产的同时有必要把生产过程的内容进行记录和计算,这就产生了早期的会计。

在我国,会计的演变与发展经历了几千年的漫长过程。根据《周礼》记载,早在三千多年以前的西周奴隶社会就出现了"会计"一词。在这一时期,由于生产力不断发展,西周王朝还设立了专门管理钱粮税赋的官职——"司会"和单独的会计部门,掌握王朝全部会计账簿并进行会计监督。宋朝正式设置了"会计司",成为我国官厅会计组织机构最早的明确命名。同时,会计方法也有了较大的提高和完善。唐宋时期,官厅办理钱粮报销或移交,要编造"四柱清册",所谓"四柱",即旧管、新收、开除、实在,相当于现在所讲的期初结存、本期收入、本期支出、期末结存。"四柱结算法"奠定了中式簿记的基本原理,并在官厅会计中正式推广,逐步形成了中国的会计方法体系。明清时代又产生了"龙门账""四脚账"等中式复式簿记,使我国的会计方法有了很大的发展。

中世纪的欧洲,仅在修道院和农业中使用簿记,十字军东征给意大利的经济带来了繁荣,地中海沿岸的佛罗伦萨、热那亚、威尼斯等城市,成为当时的商业、高利贷业和银行业的中心。随着商品经济的出现和最初资本主义生产关系的萌芽,单式记账法已不适应需要,在某些高利贷者和商人的业务记录里开始流传最初的借贷复式记账法,后来逐步扩大到工商实业界。1494年,意大利数学家卢卡·巴乔利(Luca Pacioli)在其所著的《算术、几何与比例概要》(又译《数学大全》)一书中,结合数学原理,将复式簿记从理论上进行了系统的论述和概括,从而使复式记账法得到广泛传播,为近代会计奠定了基础,被认为是古代会计到近代会计的里程碑。借贷记账法的出现,使会计成为一门真正的科学。

二、近代会计发展阶段

15世纪至20世纪20年代属于近代会计发展阶段。这一阶段,在会计平衡公式基础上,复式记账日臻完善,到19世纪末,借贷复式簿记逐渐形成严密的账簿组织体系、计算与记录规范和科学的簿记理论体系。19世纪,英国进行了产业革命,生产力水平迅速提高,产生了股份公司这一适应社会大生产需要的新的企业组织形式,对会计提出了新的要求,引起了会计内容的变化。这一变化主要表现在以下几个方面。

第一,复式簿记的产生、传播、发展和完善。自其在15世纪末产生之后的五百年间,借贷复式簿记法在世界各国广泛传播和运用,逐渐形成严密的账簿组织体系、计算与记录规范和科学的簿记理论体系。

第二,企业会计的长足发展。从某种意义上讲,近代会计实质上就是企业会计,这一时期,随着公司的出现和产业革命之后技术进步带来的生产以及整个社会经济的发展,公司会计、部门会计、成本会计、预算会计应运而生,并在经济管理中不断发展完善,成为会计发展的主流。

第三,财务会计理论体系的建立并不断发展完善,解决了诸如资本收支与收益收支、资产计价、收益实现和计量、固定资产折旧、成本计算整理和费用分配方法等重大理论问题。尤其是20世纪三四十年代开始建立的会计原则,改变了会计理论落后于会计实务的局面,使人类会计开始走向系统全面地研究会计理论,以会计理论指导和约束会计实践的轨道。

第四,会计师职业的产生和发展。自1581年世界上第一个会计师协会在威尼斯创立,经过19世纪中期以后的迅速发展,到20世纪50年代,会计师职业已成为会计发展的向导,在社会经济事物中发挥了重要的作用。可以说,财务会计的理论体系和方法体系,几乎全部都是在近代会计时期建立和完善起来的。

三、现代会计发展完善的阶段

20世纪20年代以后属于现代会计发展完善阶段。20世纪20年代,经济危机导致大批企业破产倒闭,从而要求会计工作规范化,会计信息资料进一步披露;企业竞争加剧,企业的经营规模、层次和经营业务的复杂程度加大,以资本的所有权和经营权相分离为特征的股份公司这一经济组织形式得到迅猛发展,使会计的管理职能成为主流。会计在传统财务会计基础上,产生了分离,逐渐形成财务会计和管理会计。

财务会计,是指编制主要供企业外部的会计信息使用者(如投资者、债权人、有关政府机构等)使用的各种定期报表(资产负债表、损益表和现金流量表等)而进行的会计。管理会计指的是为企业管理者提供决策所需信息而进行的会计。财务会计和管理会计虽然同属于现代企业会计的部分,但它们在作用、内容、核算对象、核算方法、核算要求、责任、编制时间等方面都表现出很大的不同。当然,财务会计与管理会计除以上不同之处以外,还具有密切的联系。它们源于同一母体,相互依存,相互制约,相互补充,共同组成现代企业会计的有机整体。

从会计计算和记录技术的变化方面讲,随着电子计算机的应用与普及,促进了会计信息传递速度的提高及使用范围的扩大,从而使会计信息的作用更加重要,为会计职能的充分发挥创造了有利的条件。会计电算化不仅可以提高工作效率、提高工作质量,而且可以大大提高管理水平。

近年来,现代信息技术尤其是网络技术在会计领域的应用和发展,对传统的会计基本理论与方法、会计实务工作提出了挑战。网络会计由于具有信息的集成化、简捷化、多元化、开放化、电子化、智能化等特性,更能满足现代企业管理的要求。

第三节　会计的科目、账户与要素

一、会计的科目

(一)会计科目的概念

会计科目是对于会计对象的具体内容进行分类核算的标志或项目。设置会计科目,就是根据会计对象的具体内容和经济管理的具体要求,事先规定分类核算的项目或标志的一种专门的方法。

(二)会计科目的分类

按提供资料的详略程度,可以将会计科目分为总分类科目(简称总账科目,也称一级科目)和明细分类科目(简称明细科目)两种。

1. 总分类科目

总分类科目是对会计对象具体内容所作的总分类,是总括地反映各会计要素具体内容的科目。

2. 明细分类科目

明细分类科目一般是根据国家规定和管理上的需求,对各项总科目的内容进行进一步分类的名称或标志,是详细地反映各项会计要素具体内容的科目。

会计科目是会计制度的组成部分。在我国,会计科目当前仍由财政部按行业统一制定并颁发执行。在会计制度中对每个会计科目的内容、方法都作了具体的规定,使会计工作更规范化、制度化,从而保证了会计核算指标口径一致,便于综合汇总和分析利用。我国企业的会计科目如表 1-9 所示。

表 1-9 企业会计科目表

一、资产类

顺序号	编号	会计科目名称	会计科目适用范围	顺序号	编号	会计科目名称	会计科目适用范围
1	1001	库存现金		38	1431	周转材料	建造承包商专用
2	1002	银行存款		39	1441	贵金属	银行专用
3	1003	存放中央银行款项	银行专用	40	1442	抵债资产	金融共用
4	1011	存放同业	银行专用	41	1451	损余物资	保险专用
5	1015	其他货币资金		42	1461	存货跌价准备	
6	1021	结算备付金	证券专用	43	1501	待摊费用	
7	1031	存出保证金	金融共用	44	1511	独立账户资产	保险专用
8	1051	拆出资金	金融共用	45	1521	持有至到期投资	
9	1101	交易性金融资产		46	1522	持有至到期投资减值准备	
10	1111	买入返售金融资产	金融共用	47	1523	可供出售金融资产	
11	1121	应收票据		48	1524	长期股权投资	
12	1122	应收账款		49	1525	长期股权投资减值准备	
13	1123	预付账款		50	1526	投资性房地产	
14	1131	应收股利		51	1531	长期应收款	

第一章 企业会计概述

续表

顺序号	编号	会计科目名称	会计科目适用范围	顺序号	编号	会计科目名称	会计科目适用范围
15	1132	应收利息		52	1541	未实现融资收益	
16	1211	应收保护储金	保险专用	53	1551	存出资本保证金	保险专用
17	1221	应收代位追偿款	保险专用	54	1601	固定资产	
18	1222	应收分保账款	保险专用	55	1602	累计折旧	
19	1223	应收分保未到期责任准备金	保险专用	56	1603	固定资产减值准备	
20	1224	应收分保保险责任准备金	保险专用	57	1604	在建工程	
21	1231	其他应收款		58	1605	工程物资	
22	1241	坏账准备		59	1606	固定资产清理	
23	1251	贴现资产	银行专用	60	1611	融资租赁资产	租赁专用
24	1301	贷款	银行和保险共用	61	1612	未担保余值	租赁专用
25	1302	贷款损失准备	银行和保险共用	62	1621	生产性生物资产	农业专用
26	1311	代理兑付证券	银行和保险共用	63	1622	生产性生物资产累计折旧	农业专用
27	1321	代理业务资产		64	1623	公益性生物资产	农业专用
28	1401	材料采购		65	1631	油气资产	石油天然气开采专用

续表

顺序号	编号	会计科目名称	会计科目适用范围	顺序号	编号	会计科目名称	会计科目适用范围
29	1402	在途物资		66	1632	累计折耗	石油天然气开采专用
30	1403	原材料		67	1701	无形资产	
31	1404	材料成本差异		68	1702	累计摊销	
32	1406	库存商品		69	1703	无形资产减值准备	
33	1407	发出商品		70	1711	商誉	
34	1410	商品进销差价		71	1801	长期待摊费用	
35	1411	委托加工物资		72	1811	递延所得资产	
36	1412	包装物及低值易耗品		73	1901	待处理财产损溢	
37	1421	消耗性生物资产	农业专用				

二、负债类

顺序号	编号	会计科目名称	会计科目适用范围	顺序号	编号	会计科目名称	会计科目适用范围
74	2001	短期借款		92	2261	应付分保账款	保险专用
75	2002	存入保证金	金融共用	93	2311	代理买卖证券款	证券专用
76	2003	拆入资金	金融共用	94	2312	代理承销证券款	证券和银行共用

第一章 企业会计概述

续表

顺序号	编号	会计科目名称	会计科目适用范围	顺序号	编号	会计科目名称	会计科目适用范围
77	2004	向中央银行借款	银行专用	95	2313	代理兑付证券款	证券和银行共用
78	2011	同业存放	银行专用	96	2314	代理业务负债	
79	2012	吸收存款	银行专用	97	2401	预提费用	
80	2021	贴现负债	银行专用	98	2411	预计负债	
81	2101	交易性金融负债		99	2501	递延收益	
82	2111	专出回购金融资产款	金融共用	100	2601	长期借款	
83	2201	应付票据		101	2602	长期债券	
84	2202	应付账款		102	2701	未到期责任准备金	保险专用
85	2205	预收账款		103	2702	保险责任准备金	保险专用
86	2211	应付职工薪酬		104	2711	保户储金	保险专用
87	2221	应交税费		105	2721	独立帐户负债	保险专用
88	2231	应付股利		106	2801	长期应付款	
89	2232	应付利息		107	2802	未确认融资费用	
90	2241	其他应付款		108	2811	专项应付款	
91	2251	应付保护红利	保险专用	109	2901	递延所得税负债	

三、共同类

顺序号	编号	会计科目名称	会计科目适用范围	顺序号	编号	会计科目名称	会计科目适用范围
110	3001	清算资金往来	银行专用	113	3201	套期工具	
111	3002	外汇买卖	金融共用	114	3202	被套期项目	
112	3101	衍生工具					

四、所有者权益类

顺序号	编号	会计科目名称	会计科目适用范围	顺序号	编号	会计科目名称	会计科目适用范围
115	4001	实收资本		119	4103	本年利润	
116	4002	资本公积		120	4104	利润分配	
117	4101	盈余公积		121	4201	库存股	
118	4102	一般风险准备	金融共用				

五、成本类

顺序号	编号	会计科目名称	会计科目适用范围	顺序号	编号	会计科目名称	会计科目适用范围
122	5001	生产成本		126	5401	工程施工	建造承包商专用
123	5101	制造费用		127	5402	工程结算	建造承包商专用
124	5201	劳务成本		128	5403	机械作业	建造承包商专用
125	5301	研发支出					

第一章　企业会计概述

六、损益类

顺序号	编号	会计科目名称	会计科目适用范围	顺序号	编号	会计科目名称	会计科目适用范围
129	6001	主营业务收入		146	6411	利息支出	金融共用
130	6011	利息收入	金融共用	147	6421	手续费支出	金融共用
131	6021	手续费收入	金融共用	148	6501	提取未到期责任准备金	保险专用
132	6031	保费收入	保险专用	149	6502	摊保险责任准备金	保险专用
133	6032	分保费收入	保险专用	150	6511	赔付支出	保险专用
134	6041	租赁收入	租赁专用	151	6521	保户红利支出	保险专用
135	6051	其他业务收入		152	6531	退保金	保险专用
136	6061	汇兑损益	金融专用	153	6541	分出保费	保险专用
137	6101	公允价值变动损益		154	6542	分保费用	保险专用
138	6111	投资收益		155	6601	销售费用	
139	6201	摊回保险责任准备金	保险专用	156	6602	管理费用	
140	6202	摊回赔付支出	保险专用	157	6603	财务费用	
141	6203	摊回分保费用	保险专用	158	6604	勘探费用	
142	6301	营业外收入		159	6701	资产减值损失	
143	6401	主营业务成本		160	6711	营业外支出	
144	6402	其他业务成本		161	6801	所得税费用	
145	6405	税金及附加		162	6901	以前年度损益调整	

二、账户

(一)账户的概念

所谓账户,是指按照规定的会计科目设置并具有一定格式,用来分类、系统、连续地记录会计事项的专门方法。它由账户名称(会计科目就是账户的名称)和账户结构两部分组成。[①]

会计科目与账户在会计学中是两个既有联系又有区别的概念。其共同点在于:两者都是对会计事项进行分类,都是按照会计对象的经济内容设置的;两者的区别在于会计科目只是会计事项分类核算的标志,仅仅是一个名称,而账户既有名称,又有结构,可以具体记录和反映某类(某项)经济内容的增减变动及其结果。在实际工作中,一般将会计科目作为账户的同义语。

(二)账户的结构

1. 账户的基本结构

账户的结构是指账户由哪些要素构成。采用不同的记账方法,账户的结构不同,即使采用同一种记账方法,不同性质的账户的结构也不同。但是账户的基本结构是不受记账方法和账户性质的影响。

各项会计事项发生都要引起资产和权益有关项目的变动,虽然错综复杂,但从数量方面来看无非是增加或减少,因此,用于分类记录经济业务的账户,在结构上也应相应分为两个基本部分:左方和右方,分别记录资产和权益项目的增加和减少,这就是账户的基本结构,如图1-6所示。

[①] 刘桔,赵雪媛. 会计学[M]. 北京:经济科学出版社,2004.

第一章　企业会计概述

```
     左方        账户名称（会计科目）        右方
                        │
                        │
                        │
                        │
                        │
```

图 1-6　账户的基本结构

图 1-6 的格式称作丁字形账户或"T"字形账户。在账户左右两方主要记录期初余额、本期增加额、本期减少额和期末余额。账户的增加量和减少量相抵后的差额，称为账户余额。余额按其表现的不同时间，分为期初余额和期末余额。本期发生额是一个动态指标，它说明会计要素的增减变动情况。

"T"字型账户其实是一种简化的格式。实际工作中最基本的账户格式是三栏式账户，以借贷记账法为例，即借方金额、贷方金额和余额。它应该包括：账户的名称、登记的日期和摘要、增加和减少的数额、凭证号数，其中，日期栏反映记账时间，凭证号数栏反映记账依据，摘要栏反映会计事项的内容。借方金额和贷方金额记录本期的发生额，余额栏记录账户增减变化的结果。

2. 借贷记账法的账户结构

目前，世界各国通行的记账方法是借贷记账法。在借贷记账法下，账户的左方称为借方，右方称为贷方。究竟哪一方用来记录增加数，哪一方用来记录减少数，取决于各个账户的性质，也就是账户所反映的经济内容。前面讲过，账户是反映资产、负债和所有者权益增减变动结果的，所以账户可以分为反映资产的账户、反映负债的账户和反映所有者权益的账户。另外，在企业的生产经营过程中必然会发生一些收入和费用，经营过程结束必然会产生盈利或亏损，为此又产生了反映成本的账户和反映损益的账户。因为存在资产总额等于负债与所有者权益总额之和的会计恒等式，所以资产类账户在记录增减变动时，必然和负债类账户及所有者权益记录增减变动的方向相反。

在借贷记账法下，一般习惯于在资产类账户的借方记录增加数，在贷方记录减少数,在负债类账户和所有者权益账户中正好相反,在贷方记录增加数,在借方记录减少数。这样登记的结果是:所有资产类账户的借方金额必然大于贷方金额,其期初余额和期末余额在借方;所有负债类账户和所有者权益的借方金额必然小于贷方金额,其期初余额和期末余额在贷方。

为了对经济活动进行完整地、连续地、系统而综合地计算和记录,本期期末余额必须结转到下期的期初余额。

收入类账户的结构与所有者权益账户的结构相同,费用类账户的结构与所有者权益类账户的结构相反。

需要注意的是,通过收入类和费用类账户,可以确定一定期间企业的经营成果。三者的关系是:

$$收入-费用=利润(或亏损)$$

因此,除了收入类账户和费用类账户外,还设置了"本年利润"账户,属于所有者权益类账户。在一个会计期末,收入类账户贷方所归集的当期收入实现数和费用类账户借方归集的当期费用发生数要结转到"本年利润"账户以确定本期的盈利或亏损,增加或减少所有者权益。因此,收入类账户和费用类账户一般无余额。

三、会计要素

会计的目标是提供信息,而信息使用者需要的是分门别类的信息。这就需要对会计核算对象进行分类,在此基础上进行分类核算,提供分类信息。对会计核算对象进行基本分类形成的项目就是会计要素。

(一)财务状况要素

财务状况表明一定日期企业资产的资金来源与占用情况,反映一定日期资产的存量。反映企业财务状况的要素包括资产、负债和所有者权益。

1. 资产

任何个人与家庭都拥有一定的资产,企业也是一样。但是,企业资

第一章 企业会计概述

产的含义可能与我们日常的理解不同。

(1)资产的特征

企业的资产具备下列基本特征。

第一,资产由企业拥有所有权或控制权。企业拥有其绝大部分资产的所有权。

第二,资产是由过去的交易或事项形成的。例如,投资者用现金购买了企业的股票,企业的现金资产会增加;而如果投资者只是打算购买企业的股票,则企业的现金资产不会增加。

第三,资产一定能以各种不同方式为企业的现在或将来带来经济利益。

(2)资产的分类

企业资产的内容很多,会计上可按不同标准进行分类。例如,按流动性可分为流动资产与非流动资产(或长期资产)两类;按有无实物形态可分为有形资产和无形资产两类;按其来源可分为自有资产与租入资产。

(3)资产的内容

第一,流动资产。

第二,长期投资。

第三,固定资产。

第四,无形资产。

第五,其他资产。

2. 负债

(1)负债的特征

负债具有以下几个基本特征(表1-10)。

表1-10 负债的特征

负债的特征	具体阐述
负债由过去的交易、事项形成	例如,当企业采用信用方式采购商品或接受劳务时才会形成应付账款这项负债;而如果企业仅是与供货单位签订购货合同,规定日后采用信用方式从对方购入商品,则在购入商品之前是不会产生负债的

续表

负债的特征	具体阐述
负债的清偿预期会导致经济利益流出企业	企业为了偿还债务往往需要在将来转移资产,比如用现金、实物资产或通过提供劳务偿还债务。有时,企业也通过承诺新的负债(只是负债的展期)或将负债转化为所有者权益来了结一项现有负债
负债有确切的或合理估计的债权人及到期日	大多数负债都有确切的债权人及到期日;但有的负债,其债权人及到期日只能合理地加以估计。例如,对售出商品应付的保修费,这项负债在销售业务发生时成立,但究竟有多少售出商品需要保修、何时发生修理服务、需要多少修理费用、具体债权人是谁,在销售成立时尚不确定,一般只能根据该种商品的销售额、保修期、以往的返修率及其费用开支情况做出合理估计

总之,负债是企业的一种经济责任,它可以是一种在法律上强制执行的义务,如应交税金;也可以是一种在商业道德上或法定的义务,如应付账款、应付工资等。企业现存的各项负债必须要以企业的资产或劳务清偿,它将导致企业未来经济资源的减少。

(2)负债的内容

负债的内容主要包括以下几种。

①流动负债

流动负债具有以下特点。

第一,偿还期短(不超过1年或一个营业周期),所以又称短期负债。

第二,到期必须用流动资产或新的流动负债偿付。

第三,它们主要因企业的营业活动而产生,如在生产经营过程中赊购存货而产生应付账款或应付票据,销售商品或提供劳务前预收的货款,各种应交税金,企业内部结算形成的应付工资与应付福利费等。少数流动负债,如短期借款、应付利润,则随企业的融资及利润分配活动而形成。

②长期负债

长期负债主要由于企业进行长期性的投资活动而产生,如购建固定资产、对外长期投资等。这些活动所需的资金仅仅通过企业正常的经营资金或举借短期债务往往不能满足，以致举借长期债务就成为一种常见的筹资方式。

3. 所有者权益

权益是指企业资产的资金来源或所有权的归属。企业的资金来源于两个方面。

第一，由出资者投入。

第二，向其他企业、单位或个人借入。

这样，出资者和债权人对企业的资产同时享有相应的权益。其中，属于债权人的权益称为负债；属于出资者的权益称为所有者权益，其金额为企业资产总额减去负债总额后的余额。

（二）经营成果要素

经营成果要素主要包括以下几方面。

1. 收入

收入是指企业在销售商品、提供劳务及让渡资产使用权等日常活动中形成的经济利益的总流入。主营业务收入是企业为完成其经营目标而从事的日常活动中的主要项目取得的收入，主营业务收入在企业的营业收入中占有较大比重，对企业经济效益的高低会产生较大影响。其他业务收入是企业从事主营业务以外的其他日常活动取得的收入，如工商企业出租资产取得的租金收入，提供运输、修理等服务取得的收入，出售多余材料取得的收入等。其他业务收入在企业的营业收入中所占比重一般不大，相对居于次要地位。但在目前企业实行多种经营、分散经营风险的情况下，其他业务收入所占营业收入的比重逐渐增加。

主营业务收入与其他业务收入的划分是相对的。同是资产的出租收入，对主营产品生产、销售的企业来说属于其他业务收入，在租赁公司则是主营业务收入；同是运输收入，对运输企业来说属于主营业务收入，而在其他企业则为其他业务收入，等等。企业的收入按照重要程度分类,目的是为了加强管理,并向外界提供有价值的信息。

2. 费用

从会计的角度看,费用是企业销售商品、提供劳务等日常活动中所发生的经济利益的总流出。

(1)费用的特征

费用具有以下基本特征。

第一,费用可能表现为资产的减少,或负债的增加,或两者兼而有之。如支付电话费会减少现金;期末计算出应付职工工资但尚未支付会增加负债,当然,这项负债最终要用企业资产(现金)偿付。由此可见,费用本质上是企业资源的流出。从这个意义上讲,可将费用理解为资产的耗费,其目的是为了取得收入,从而获得更多的资产。

第二,费用会减少所有者权益。费用要么引起资产减少,要么引起负债增加。不管哪种情况,均会减少所有者权益。

(2)费用的分类

不同行业企业经营活动性质的差异,导致费用的具体内容也有差别。任何企业的费用,均可以分为直接费用和间接费用两类。直接费用是指费用发生时,可直接认定应计入某种产品或商品成本的各项费用。间接费用是指应由几种或全部产品、商品共同负担的费用。

(3)费用的内容

第一,直接费用包括工业企业生产产品的直接材料费、生产工人工资,流通企业的商品进价等。它们在产品或商品出售后成为销售成本。

第二,间接费用包括营业费用、管理费用、财务费用。此外,工业企业还有一项制造费用也属于间接费用。

企业的营业费用、管理费用、财务费用不管各期开支多少,全额计入当期损益,会计上称为期间费用。

3. 利润

利润是指企业在一定会计期间的经营成果。企业从事生产经营活动会产生收入,必然也会发生一定的费用。发生费用的目的是为了取得收入,应由产生的收入弥补。收支相抵后还应有剩余即利润,以实现资本的增值,这是企业经营追求的目标。

第一章 企业会计概述

需要注意的是,作为会计要素的收入、费用,其内容指企业在日常活动中发生的经济利益的总流入或总流出,并不包括企业在日常活动以外发生的一些经济利益的流入或流出,如营业外收入和营业外支出。但这些收支也是影响企业利润总额的因素,所以在计算利润时应将它们包括在内。

第二章 "互联网＋"概述

随着"互联网＋"进入总理政府工作报告,意味着这个概念已从一般的学术术语上升为国家战略意义上的政策概念。相应的,"＋"这个符号的含义也就从"＋"的基础性符号含义,上升为对国家经济、政治等各行各业都具有战略意义的符号含义。由此,必须从战略的、理论的高度去认知"互联网＋"。本章即对"互联网＋"的相关内容进行简要阐述。

第一节 "互联网＋"的内涵

一、"互联网＋"的概念界定[①]

对于"互联网＋"的概念,《关于 2014 年国民经济和社会发展计划执行情况与 2015 年国民经济和社会发展计划草案的报告》中如此定义:"互联网＋"是一种新的经济形态的表现,它可以优化和集成生产各要素,并在经济社会的不同领域中融入互联网的创新成果,使实体经济的创新力和生产力得到较大的提升,并促进以互联网为前提的新的经济发展新形态的建设。

企业界对"互联网＋"也有一些具有代表性的定义。例如,腾讯董事局主席马化腾 2015 年在其全国人大议案《关于以"互联网＋"为驱动,推

---

① 颜廷丽."互联网＋"背景下大学生创新创业能力培养研究[M].北京:北京理工大学出版社,2020.

进我国经济社会创新发展的建议》中提出:"互联网＋"是指利用互联网的平台、信息通信技术把互联网和包括传统行业在内的各行各业结合起来,从而在新领域创造一种新生态。

2015年3月12日,阿里研究院发布的《"互联网＋"研究报告》提出,所谓"互联网＋",是指以互联网为主的一整套信息技术(包括移动互联网、云计算、大数据技术等)在经济、社会生活各部门的扩散、应用过程。其在内涵上根本区别于传统意义上的信息化,而是重新定义了信息化。

综合上述定义,可以将"互联网＋"定义为,它是互联网思维进行实践化,并在经济社会各领域中融入互联网的创新成果,推动传统行业与互联网的深入融合和相互渗透;它是建立在信息通信技术基础之上,并引起传统经济社会的全面变革,带动生产效率的提升、生产技术的进步以及经济组织形式的变革,使实体经济的生产力和创新力都得到有效提升,从而促进经济社会发展新形态的构建。

二、对"互联网＋"的正确理解

正确理解"互联网＋",必须对以下几点有清醒的认识。

(一)人人"互联网＋"的观点

随着"互联网＋"的出现,使每个人都有一个"互联网＋",即任何网民的时间、空间、生活、人际关系、职业、行业等现实世界都离不开网络世界。每个人都可以定义和解释"互联网＋"。重要的是,在"互联网＋"的潮流中,每个人都积极拥抱"互联网＋",积极适应"互联网＋"的变化,积极利用"互联网＋"改变自己和社会。

(二)从生态和联系的角度看待和解读"互联网＋"

它是一个重要的生态要素,因此我们在认识和理解它时,应该从它的整体性、系统性和协作性出发,"互联网＋"可以联系任何传统行业,如教育、医疗、社区、物流、交通、金融等,但要全面理解"互联网＋"并不是二者的简单相加,而是传统行业与互联网在信息通信技术和互联网平台的基础上进行整合,从而创造新的发展生态系统。

(三)避免仅仅将"互联网+"看作是一个工具

要正确理解"互联网+",就要把生态性作为"互联网+"不可或缺的重要因素。它以互联网技术和互联网平台为基础,通过渗透传统产业发挥作用,促进新价值观和新发展生态的形成和发展。"互联网+"代表着一种新的经济形态,它将在转变传统产业的商业模式、创新传统商业理念、提高实体经济的创新能力和生产力、推动建立新的经济社会发展形态方面发挥重要作用。

(四)"互联网+"不仅仅是连接,更是跨界融合

"互联网+"的特点是"跨界融合,连接一切"。如果说连接一切代表着"互联网+"和这个时代的未来,那么跨境整合就是"互联网+"现在真真切切要发生的事情。

"互联网+"代表着一种新的经济形态,它将推动传统产业模式的创新、生产要素配置的优化、实体经济创新和生产力的提高以及经营理念的创新,为经济发展创造新的增长点。

三、"互联网+"的本质

"互联网+"的本质就是信息互联和信息能源的开发,即在线化、数据化。随着信息搜索、收集、存储、处理、分析、显示和利用技术的全面成熟,信息设备不断融入传统产业的生产、销售、流通、服务等环节。人们可以更有效地配置资源,从而促进传统产业的不断升级,提高社会劳动生产率和社会运行效率。因此,获取、连接、处理和利用信息的能力将成为未来综合国力的新标志。

四、"互联网+"的特征

为了全面透彻理解"互联网+"的精髓,必须站在时代的高度去考察

和分析,关注"互联网＋"的特征。概括来说,"互联网＋"主要有以下几个特征。

(一)民主平等

平等是互联网最重要的原则之一,网络消除了现实生活中的各种不平等,身份、职业、年龄等社会标识都被淡化和忽略了。在互联网交流互动的过程中,主导话语权被打碎,在法律允许范围内,人们可以随时发布消息、阐发观点或者进行褒奖和评判,并可以平等参与网络活动。

(二)多元多态

互联网由于匿名和交互特性,人们可以非常便捷地表明自己的立场和价值取向。互联网使人们零距离、零差距相处,可谓"平民与精英共聚,主流群体与边缘群体并存"。然而,这种网络的多元性不仅带来了互联网内容的丰富性,也使得网络信息不均衡、复杂、难以区分。

(三)参与协同

互动是网络的特征之一,互动可以充分展现每个人的影响力。但在网络世界中,人们的影响力也不同。受到更多关注的人很容易成为意见领袖。在这种情况下,协同非常重要,否则整个网络模式将非常混乱。

(四)创新驱动

当今社会是一个数据经济和信息经济的时代。无论如何,这个时代始终处于动态发展之中。时代发展到任何一个阶段,都有特定的因素影响其发展和进步。随着时代的变化和社会的进步,国内粗放型资源驱动型增长模式的不足越来越突出,需要一种新的增长模式。这就需要突破垄断的框架和模式,为创新创造外部环境,发展促进生产力发展的因素,从而使环境和条件有利于合作、融合和跨界,这也是互联网的意义所在。在互联网思想的指导下,更有利于激发创新思维和创造力。当前,我国正处于创新驱动发展的转型期。突破传统机制的局限,最大限度地激发创新精神,实现协同创新、跨境创新和集成创新的发展,也是"互联网+"发展的重要趋势。

(五)跨界融合

"互联网+"是一种全新的变革,是一种开放的发展态度,更是一种跨界发展的创新思想。当然,融合也是"互联网+"的一个重要意义,通过融合,行业的适应性和开放度都得到较好地提升,更好地协调两者之间的关系。如果每个行业都能很好地融入互联网思想,将极大地促进传统行业的更新换代,焕发出新的生产活力。"互联网+"的跨界融合,其本质是要求双方具备亲和力,并激发其连接性、开放性、生态性、融合性以及契合性的作用。互联网的发展和普及必然会影响其他产业的发展,这也将是经济社会未来的一个发展趋势。

(六)尊重人性

人性是人与生俱来的基本属性,人性的体现造就了人类社会。因此,互联网把尊重人性放在首位。对人性的尊重、对用户体验的尊重、对人创造性的尊重都为互联网的发展和普及提供了条件和基础。共享经济是尊重和看透人性的经济,合作和满足需求都是体现人性的方式。人性是最小的单位,是最终逻辑的起点。任何互动和平台都是从人性的角度设计、思考、开发和操作的。

(七)重塑结构

重塑结构起源于互联网时代。在重塑结构的同时,它也催生出更多的元素,如连接、规则、对话、权力以及关系等。互联网允许用户、股东、服务者和合作伙伴身份可以相互转换,这是关系结构的重塑。它使人们不再受地理界限的限制,并重新定义了游戏的控制模式和规则。与此同时,商业模式也在不断发展和变化。企业不再关注消费者的需求,而是更多地关注关系和连接的转变。互联网为人们提供了更加对称的信息资源,突破了物理边界的限制,导致了信息、创造和参与的民主化。不确定性已经成为互联网社会的一个重要特征,共享和分享已经成为一个重要的基准。企业管理者也开始关注切入点和接触点的设计,品牌传播和业务运营也开始关注引爆点的集中和发现。互联网开始重新定义合作、雇佣和组织的关系结构。现实世界和虚拟世界被分裂开,动态自组织、自我雇佣、自媒体成为互联网的代名词,并且个人可以定义连接的协议。

(八)连接一切

对"互联网+"的理解,需要正确认识它和连接之间的关系。连接是跨界、创新和融合的前提与基础,是一种存在形态和对话方式的体现。若缺少连接,则"互联网+"将不复存在。"互联网+"的最终目标将是连接一切,而这少不了技术条件、各种场景、各个参与者、信任等各种要素的参与。其中,最为重要的则是信任。互联网为人们提供了更加全面的信息,可供人们选择的连接节点也非常丰富,而信任是对人们选择节点最重要的影响因素。只有产生信任,才能使连接无所不在,才能防止信息的封闭和阻塞。

第二节 "互联网+"的发展

一、"互联网+"的产生

"互联网+"的提出有着深刻的背景,以云计划、移动互联网、物联网、大数据作为标志的新一代信息技术的经济社会生活渗透率也逐年增加,且在深度和广度上都有所延伸,加快了生产方式、资源配置方式的变革。16世纪以来,人类经历了四次科技革命,即蒸汽机革命、电气革命、原子革命、计算机革命,它们推动了世界向机械化、电气化以及信息化的方向发展。当前,大数据、云计划、智能化制造、物联网等的出现对世界经济产生了重要影响,这就导致了第五次技术革命的发展,使人类进入了互联网时期。当然,第六次技术革命的发展方向就是以新生命、大化学、大成智慧等为标志的科学。

从科技史上来说,一项新技术的产生与成果的问世并不能被认为是技术革命,只有在整个社会进行了扩散和渗透才能说是对人类的生活方式产生了重大改变,才能称其为技术革命。

两次技术革命的重叠与共存往往发生在爆发阶段,因为一个会崛起,另一个会衰落。例如,1908—1918年,第三次浪潮的成熟期与第四次浪潮的爆发期重合。同样,1971—1974年也发生了类似的事情。而第五次革命是以2000年为界限的,1970年以前为导入期,2000年后为展开期。很明显,1970—1989年为爆发阶段,而1990—2000年为狂热阶段。2001年,美国股市暴跌,未来学家阿尔文·托夫勒与其夫人海迪·托夫勒发表了《新经济:好戏还在后头》,说明了新经济不仅存在,而且预示着下一阶段的到来。2003年之后,互联网发展进入了Web2.0时期。2014年5月,(MaryMeeker)发布了互联网的趋势报告,指出2013年全球互联网用户增加了9%,移动互联网占全球互联网的比例以1.5倍的速度增长。技术发展使存储成本、计算处理成本、云计算等成为可能,一些依靠大数据的新兴服务也随之出现。2015年,阿里研究院公布了《"互联网＋"研究报告》,给"互联网＋"做了明确界定,即以互联网为主的一整套信息技术在各个部门的扩散与应用。

二、"互联网＋"的发展趋势

自1994年中国正式接入互联网以来,中国已经完成了网络基础设施的安装、快速增长和全面部署,目前正在向协作应用转变。互联网已经经历了以商业化为特征的互联网1.0阶段、以社会化为特点的互联网2.0阶段和即时互联网3.0阶段。目前,它正在向互联网网络空间阶段发展。自2001年互联网2.0阶段以来,中国互联网开始崛起,互联网已成为中国经济全球化的最佳催化剂。

随着互联网技术的发展和普及,新一轮的信息技术创新和应用风起云涌,以物联网、云计算和大数据为代表的新一代信息技术不断取得突破和应用创新,催生了快速发展的新兴产业。同时,通过与传统产业的融合和渗透,促进产业转型升级,给人类生产和生活方式带来深刻变化。无所不在的网络会同无所不在的计算、数据等,一起推进了无所不在的

第二章 "互联网+"概述

创新,以及数字向智能和进一步向智慧的演进,推动了"互联网+"的演进和发展。

目前"互联网+"已经改造及影响了多个行业,当前大众耳熟能详的电子商务、互联网金融、在线旅游等行业都是"互联网+"的杰作。伴随着消费行为碎片化、移动化、体验化,"互联网+"对传统行业的变革也不只是从内到外智能化的升级改造,而是个性化、智慧化甚至定制化的线上线下融合大生产。

未来,"互联网+"将着力推动以云计算、物联网、大数据为代表的新一代信息技术与现代制造业、生产性服务业等的融合创新,发展壮大新兴业态,创造新的产业增长点,为大众创业创新提供环境,为产业智能化提供支持,增强经济发展新动能,促进国民经济提质增效升级。

"互联网+"的发展趋势是大量"互联网+"模式的爆发和传统企业的"破与立"。从长远来看,互联网与经济社会各领域的融合和发展进一步深化,以互联网为基础的新业态成为新的经济增长动力,互联网支持大众创业创新的作用进一步增强,互联网已成为提供公共服务的重要手段,形成了网络经济与实体经济协同互动的发展格局。

第三章 "互联网+"背景下企业会计面临的挑战

当今社会,以移动互联网、云计算、大数据、物联网、人工智能等为代表的新一代信息技术与教育、医疗、制造、能源、服务、农业等领域的融合创新,可以发展壮大新兴业态,打造新的产业增长点。对于企业会计来说,在"互联网+"背景下,其也面临着巨大的挑战。本章即对相关内容进行简要阐述。

第一节 "互联网+"背景下企业的经营环境分析

一般来说,"互联网+"背景下企业的经营环境可以概括为四类,即政治环境、经济环境、社会环境和技术环境(图3-1)。

一、政治环境

政治环境主要是指政治变革、国家法律、政府机构的政策法规以及各种政治团体对企业活动所采取的态度和行动,还包括一些重大的政治事件。政治环境的变化显著影响企业的经营行为和利益关系。一个国家或地区的政治和社会稳定是大多数企业顺利开展经营活动的基本前提。

第三章 "互联网+"背景下企业会计面临的挑战

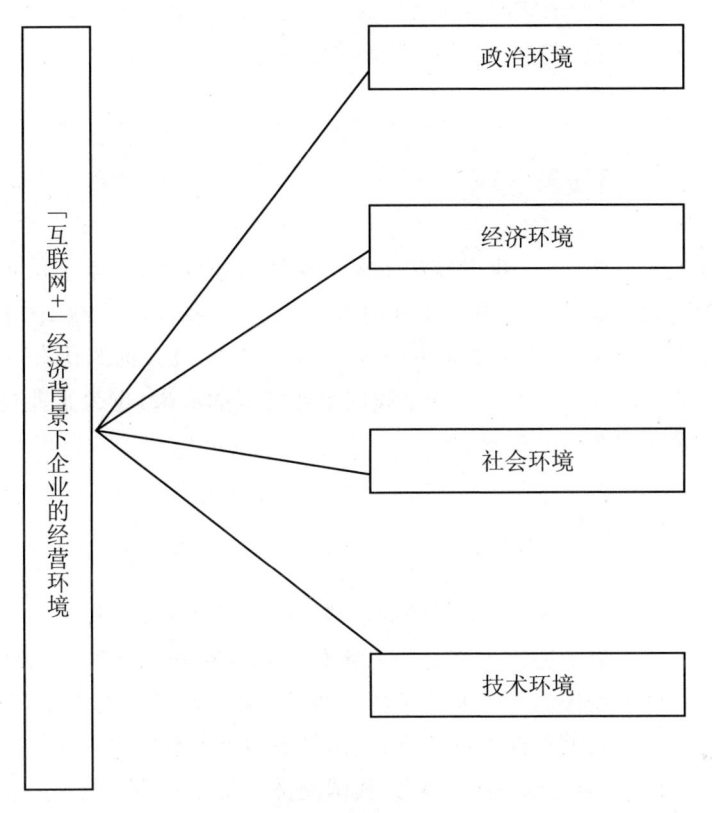

```
                          ┌─────────────┐
                       ─── 政治环境      │
                      /   └─────────────┘
                     /
                    /     ┌─────────────┐
  互联网           /  ─── 经济环境      │
  ＋           \  /  /   └─────────────┘
  经济          \ / /
  背景           X
  下企业        / \ \   ┌─────────────┐
  的            /   \── 社会环境      │
  经营         /      \ └─────────────┘
  环境        /
                       ┌─────────────┐
                    ─── 技术环境      │
                       └─────────────┘
```

图 3-1 "互联网+"背景下企业的经营环境

2015年7月4日,《国务院关于积极推进"互联网+"行动的指导意见》正式发布。《指导意见》就推动"互联网+"的国家行动计划锁定了重点发展领域。

在新一轮全球科技革命和产业改革中,互联网与各个领域的融合发展前景广阔,潜力无限,已成为不可阻挡的时代潮流,对各国经济社会发展产生着战略性和全局性影响。积极加快"互联网+"发展,有利于重塑创新体系,激发创新活力,积极适应和引领经济发展新常态,形成经济发展新动能,对中国经济提质增效升级具有重要作用。

二、经济环境

经济环境主要是指经济发展的规模与速度、人均国内生产总值、消费水平和趋势、金融状况以及经济运行的平稳性和周期性波动等。与其他环境力量相比,经济环境对企业的经营活动有着更广泛、更直接的影响。

(一)经济发展速度

自改革开放以来,我国经济总体上保持高速发展,发生了历史性的深刻变化,与此同时,我国的综合国力显著增强,我国已连续20年成为世界上吸引外资最多的发展中国家,世界500家最大的跨国公司已有400多家来我国投资生产。这是我国企业发展的成果,也为企业进一步发展创造了更为有利的条件。

(二)购买力

根据经济学原理,一个市场的形成不仅需要人口,而且还需要社会购买力。一个有效的市场就是由一定的人口数量和社会购买力两个因素构成。随着我国经济体制改革的不断深入和市场体系的不断完善,以及中央政府宏观调控能力的增强,我国经济的运行会更加平稳。在未来几年内,只要政策对头,措施得力,我国经济增长和波动可能维持在一个较好的轨迹上。

第一,由过去的"大起大落"和"大起缓落"将会转变为现在的"缓起缓落"。

第二,由过去的"短起短落"和"短起长落"转变为现在的"长起短落",经济波动上升期延长,回落期缩短。

我国经济的持续增长和平稳运行将为企业带来更加宽松的发展环境。

此外,企业还应密切关注其他经济因素变化的影响,如利率、汇率、贸易政策等。人们对外国货币的需求是由于用它可以购买外国的商品和劳务,外国人需要其本国货币也是因为用它可以购买其国内的商品和劳务。因此,本国货币与外国货币相交换,就等于本国与外国购买力的交换。所以,用本国货币表示的外国货币的价格也就是汇率,决定于两种货币的购买力比率。由于购买力实际上是一般物价水平的倒数,因此两国之间的货币汇率可由两国物价水平之比表示。这就是购买力平价说。

从 2017 年 5 月以来,人民币汇率一直在默默升值,从 6.9 附近一路上涨,在岸人民币兑美元累计升值幅度达到 4.4%。8 月 29 日,在岸、离岸人民币兑美元双双突破 6.60 关口,续刷 2016 年 6 月以来新高。中国金融期货交易所研究院首席经济学家赵庆明称,决定汇率的根本因素是看经济基本面,尤其是看汇率比价的两个国家之间基本面的相对情况。中国经济企稳回升势头明显,尽管美国经济处于复苏阶段,但其部分指标显得较为疲软,甚至后继无力。在 2017 年世界 GDP 按购买力平价世界排名中,中国位列第一,为 231 220.3 亿美元。[1]

三、社会环境

社会环境既包括人口、物质条件等显而易见的因素,也包括生活方式等难以确定的情况,它们对企业生产经营都会产生重要影响。

(一)人口

人口构成了大多数产品消费市场。例如,在过去,一对夫妇通常生多个孩子。计划生育政策实施后,一对夫妇只能生育一个孩子,孩子的数量有所减少,但独生子女的人均消费量要高得多,这对相关企业的营销产生了很大影响。近年来,国家再次开放了二胎政策,家长对孩子的消费也在增加,这进一步带动了相关市场的消费。

(二)物质条件

任何企业的生产经营活动都与一定的物质条件有关,因为无论生产何种产品,都需要原材料、能源和水资源。随着工业生产活动范围的不断扩大,这些物质条件的作用也会增加。前几年,我们的环境保护和治理意识很弱,中国的生态环境受到了很大的破坏。今后,管理者必须注意并防止物质条件的变化对企业生产经营的不利影响。

---

[1] 刘春姣. 互联网时代的企业财务会计实践发展研究. 成都:电子科技大学出版社,2019.

(三)生活方式

1. 平台经济

平台是互联网经济时代最重要的产业组织形式。平台型企业并不生产真正有形的产品,而是通过参与动态的价值网络,为客户提供一系列创新服务,收取恰当的费用。随着互联网的渗透和应用,平台企业演化出平台经济产业已是大势所趋。

2. 共享经济

"共享经济"这一理念最早由美国得克萨斯大学社会学教授马科斯·费尔逊和伊利诺伊大学社会学教授琼·斯潘思在1978年发表的论文《群落结构和协同消费》中首次提出,在这一论文中两位教授用"协同消费"来描述这样一种生活消费方式,其主要特点是个体通过一个第三方市场平台,实现点对点的直接商品与服务交换。在全球范围内,各种类型的共享经济模式快速发展,它们在创造着一种新的经济模式的同时,也对传统经济模式提出了挑战。

3. 微经济

广义上的"微经济"是指以最小化经营成本为目标的可以充分灵活安排产销量高低的微型企业以及其生存体系;狭义上的"微经济"是指随着互联网的普及以及网上交易平台的建立,通过网络和外包的物流系统接收小额高频订单和安排销售的网络商户。

微经济并不是商业发展的终极模式。作为对传统经济模式的一种补充,微经济在一定程度上会刺激商业模式的不断改善,并且对经济社会兼容性与适应性的提升也极为有益,但微经济在迅速成长的同时,也存在着一些明显的弊端。例如,正是由于企业规模微小以及严格的成本控制,微经济主体往往不会主动进行大量的科技研发,也很少会生产、销售高附加值的产品。

4. 电子商务

现今网络购物市场出现了新的特点。

第一,人们更注重购物的品质,愿意为了高品质商品支付更多的价钱,如购买有机生鲜、全球优质商品等。

第二,人们更关注智能产品,智能扫地机器人、智能冰箱、智能洗衣机等商品销售量均有明显增长。

第三,新产品消费迅猛,洗碗机、家用摄像头等新商品非常受现代人欢迎。

农村电商的发展也带动了中国整体的网络购物消费。另外,随着"一带一路"的顺利实施,跨境电商也带动了海外消费的能力,使我国电子商务全球化的发展越来越快。国民人均收入提升、年轻群体成为网络消费主力等,也是网络购物消费升级的重要因素。另外,数据也是网络购物竞争的热点。数据已经成为互联网时代商业竞争中企业重要的无形资产和制高点。

四、技术环境

技术环境的变化对企业的生产和销售活动有着直接而重大的影响,特别是在原材料和能源严重短缺的今天,技术往往成为决定人类命运和社会进步的关键因素。同时,技术及其产业化水平也是衡量一个国家和地区综合实力和发展水平的重要标志。

财务信息的处理依靠财务系统完成,而财务系统的特定目标和功能的实现要靠一定的会计数据处理技术的运用。随着科学技术的进步,特别是计算机的出现,促使会计数据处理技术不断发展变化。

网络环境下的财务系统是一个人机系统,它不但需要硬件设备和软件的支持,还需要人按照一定的规程对数据进行各种操作。网络环境下的财务系统的构成要素与电算化财务系统相同,包括硬件、软件、人员、数据和规程,只是在具体内容上更为丰富。

总之,要使企业和消费者从技术发明和新产品应用中获益,对于绝大多数企业来说,注重技术环境的变化,接受和利用新技术,是认识环境、适应环境、实现可持续发展的必然要求。

第二节 "互联网＋"背景对会计的影响

随着"互联网＋"经济的不断发展,我国企业进一步发展壮大,对企业会计的要求也越来越高。

一、"互联网＋"背景下会计面临的挑战

(一)传统手工会计亟待转型

随着"互联网＋"经济的不断发展,各种类型的企业如雨后春笋般涌现,高新科学技术层出不穷,市场环境因此发生巨变,大小企业的生存路线也随之发生转变。

目前,传统的手工会计体系在"互联网＋"背景下体现出种种缺点,比如,财务与业务联动性差、财务核算分散缺乏全局观、财务指标单一无法支持企业管理决策以及财务模式多为内部服务组织,等等。为了提升企业效益,传统财务必须合理配置企业内部或外部的资源,无论市场环境发生怎样的变化,都要及时反应,勇敢地应对挑战,积极促使管理转型。财务管理无疑是企业管理最重要的部分,它能链接公司管理的全部流程。随着新时代的到来,传统财务管理也在发生着质的变化,这种变化表现在它的方向发生了转变,也表现在其核查方式的更新与改变。

随着"互联网＋"经济的发展,变革的浪潮一波波袭来,如果企业回避这股浪潮,与全球经济一体化的趋势背道而驰,慢慢就会丧失竞争优势。而顺应潮流、积极迎接挑战的企业就会在激烈的竞争中逐渐站稳脚跟,成为行业的领头羊。新的潮流、变化给企业管理提出了新的挑战,随着信息化、智能化时代的到来,企业如果不及时进行财务管理革新,就无法适应时代发展的需要,更无法适应新的企业经营环境。所以说,财务管理信息化变革势在必行。

第三章 "互联网+"背景下企业会计面临的挑战

(二)智能会计时代带来全新挑战

进入 20 世纪中叶之后,随着信息技术的飞速发展,信息产业越发欣欣向荣起来。近年来,互联网、电子商务等变得越来越普及,人类社会已经彻底进入信息化时代。信息技术令人们的生活发生了巨大的变化,对企业发展也产生了很深的影响,比如,它改变了企业的生存环境,促进了企业的产业结构优化和升级,使得企业有了更多底气去面对激烈的市场竞争,等等。以计算机技术为核心的信息技术的发展也令企业财务管理迎来了变革,而财务管理变革的重点是针对财务数据业务化、业务财务一体化和财务核算集中化等方面。传统的财务管理模式中存在着不少问题,相关人员可以运用流程再造理论、集中核算理论等解决这些问题,在总结实践经验的基础上对财务共享服务的模式展开研究,这会加速新的财务管理模式的形成。在财务工作中全面运用会计数据化,能够帮助搭建智能化工厂,这样一来,财务人员的工作效率大大提升,对会计数据的运用也将达到预期效果。企业整体管理水平提高,企业财务管理的水平也将有很大的提高。

(三)网络技术颠覆财务管理模式

很多人对第三次科技革命这一概念认识不够清晰,其实,科技革命与以往工业革命最大的不同是,它是以信息技术和网络技术为核心的,并对工业革命所形成的经济形态和增长模式造成了颠覆性的改变。在科技革命的冲击下,我们以往所熟悉的商业环境发生了翻天覆地的变化,比如,时空距离极度缩短,交易成本一再降低,等等。企业之间的竞争也和以往有了区别,传统的企业竞争包括品牌、营销、人力资源上的竞争,而如今的企业竞争更多的是管理体系和模式上的较量,唯有符合时代需求的体系和模式,才是先进的体系和模式,才能帮助企业在竞争中立于不败之地。也就是说,企业想要在激烈的市场竞争中掌握主动,能有足够的实力去应对变化莫测的市场环境,就一定要建立起一个崭新的管理体系。而在企业整个的管理体系中,财务管理体系是最核心的部分,只要建立起了一套严谨缜密、行之有效的财务管理体系,企业管理体系的构建就成功了一半。企业想要实现战略转型,就要借助科学先进的财务管理系统,为此,企业管理者和相关人员首先要借鉴国内外学者提出的财务管理方面的先进理论和研究方法,在此基础上结合企业自身的发展定位及战略规划,如此才能建立一套前沿的、能够适合当前宏观经济环境并引领企业发展的财务管理体系。

创新财务管理体系是企业管理变革的核心。首先要改变企业原有的财务组织架构,相关人员要在企业当前的运作模式和战略目标的指引下,建立起倒三角的财务组织模式,将财务自前而后分为业务财务、专业财务、共享财务和战略财务四个族群,在四个族群的相互监督、相互协调和相互促进下,原本错综复杂的财务工作就有了更专业化的分工,各岗位人员配合得更默契,工作效率也就更高。

二、信息技术对财务管理变革的影响

(一)信息技术对财务管理要素的影响

财务管理功能可以概括为对活动与关系的控制与管理,在信息技术发展过程中信息技术刺激财务管理职能发展,财务管理中的决策职能和控制职能在具体行使过程中,效果总不尽如人意。而信息技术的飞速发展,促进强化了财务管理的这两个基本职能。

财务决策职能是指企业决策者和管理者在综合考虑现阶段企业经营活动、影响环境的情况下,考虑发展方向和战略目标,通过对财务活动实施科学方法,实现企业的最佳财务目标。企业财务决策有着三方面的内容,即筹资、投资和收益分配。随着企业财务管理的变革风潮席卷而来,特别是信息化时代和智能化时代的出现,企业在进行筹资、投资和收益分配等方面的决策时,也将面临较大的风险。在现阶段,企业无论进行哪种决策活动,都一定要借助信息技术,这样才能最大程度地减少风险,保证决策的安全性。

财务控制职能是指企业管理者及相关工作人员在决策执行的过程中,通过科学的比较方法,并在进一步判断和分析的基础上及时更改方向、修正错误的过程。和企业决策职能一样,信息技术快速发展直至成熟也使得企业的财务控制职能得到了强化,另外,财务控制的范围也一

第三章 "互联网十"背景下企业会计面临的挑战

再扩大,如今几乎可以覆盖企业的各个流程与环节,以往的事后控制也逐渐转化为事前、事中控制。

除了财务决策职能和财务控制职能外,借助信息技术,企业的管理职能还衍生出了其他职能,比如协调职能和沟通职能等。

(二)信息技术对企业财务管理实务的影响

财务管理实务是指相关人员在财务管理理论指导下的实践活动,通过实现财务战略、财务决策、财务活动与财务控制的全过程。整合财务信息系统提高信息技术的发展一定会对财务管理实务产生深远的影响。

1. 对财务控制手段的影响

财务控制手段往往是通过管理过程来实现的。企业财务管理的过程很复杂,除了完成前期的记录、计算、报告、汇总、分析等工作外,到了后期,还要一丝不苟地去完成评价、反馈、修正等工作,这些环节串联起了传统的企业财务管理的全过程。

值得一提的是,传统财务管理中控制程序较为滞后,会对企业财务职能产生严重的影响。随着信息技术的迅猛发展,企业财务管理控制程序滞后的缺点不复存在,反而利用信息技术成功实现了实时控制,快速反应和实时报告。

2. 对财务决策过程的影响

财务决策过程是一个经济信息利用和作用过程,经济信息发生的变化表明企业是信息数据收集经历"风险评估—约束条件评估—数据获取"的过程。在信息化环境下,决策过程实际上是将经济信息转变为依靠工具软件或信息系统决策数据的过程,建立决策模型的过程是充分利用信息资料的过程。通过企业创造、制定和分析财务信息可能采取的方案,提高信息决策过程方案选择,按照一定标准选择最优的方案并加以实施。通过在计算机环境下可以得到最大程度的优化;充分使用计算机强大的计算能力,对执行情况进行跟踪、记录和反馈;模拟方案执行情况实现最优化财务决策,将这一过程的执行提前到决策执行环节,提高财务决策的科学性。

三、"互联网＋"背景下财务管理的未来发展

中国企业的信息化发展过程将一直是伴随着财务信息化而发展、进步、延伸的,企业财务管理的信息化也得到了相应的发展。

(一)大数据技术下的财务管理

在新时代,财务管理的模式和方法随着物联网技术、大数据技术的快速发展而变得越来越先进。市面上的大小企业会在每年发展的关键时刻向外界发布一些财务和非财务信息,极大提高利用财务信息系统的程度,提高企业信息和运行的透明度,但同时也带来了一个弊端,即造成数据不真实。这时候就需要财务会计充分地发挥其职能,第一时间对这些纷杂多变的财务数据进行审计和验证。而老旧的财务管理模式和观念只会对具体的工作流程造成阻碍,财务人员必须与时俱进,不断更新思想观念,用实际行动去推进信息化财务管理前进的步伐。

在大数据时代,以物联网、云存储、云计算、数据挖掘等相关技术条件作为支撑,能构建出一个科学、合理、切实可行的财务信息综合系统,建立企业财务管理信息模型。而当前的财务管理信息系统利用和发展的范畴体现为财务管理系统与生产、销售/分销、客户关系管理等系统以及在线分析系统的整合。

(二)建立财务共享中心成为趋势

在全球经济一体化的背景下,企业的业务范围呈现开放、扩大的趋势,企业的经营成本不断增加,据此催生出了财务共享中心。建立财务共享中心,可以在很大程度上提高企业财务核算的效率,可以为企业创建出一个拥有强大数据支持的会计档案数据库,在当下,大数据技术运用逐渐成熟,财务共享中心的转型,愈发趋近智能化和技术化,随着转型越来越快,越来越深入,为了提高经营效率,降低经营成本和经营风险,运用新兴技术对财务共享中心进行优化就显得尤为重要。

第三章 "互联网＋"背景下企业会计面临的挑战

财务共享中心会对大量数据进行集中存储，通过将各地区的公司及子公司的财务信息进行集中采集来实现统一处理，然后将这些数据对比实地调研的结果，但在这一过程中也发现了财务共享中心的缺陷，尤其是在大数据化运营管理方面的实现尚需时日。主要原因还是因为大数据技术与财务共享中心技术的融合尚有待完善，这也是当下需要解决的难题。

第三节 互联网时代的财务会计与管理动向的分析研究

随着互联网技术和计算机技术的发展，网络不仅方便了企业的运营，也对会计行业的发展提出了新的要求。传统的财务会计方法与计算机信息技术相结合，实现财务数据的准确、快速传递。同时，网络技术的应用优化了企业财务会计流程，大大提高了会计效率。会计人员可以花费更多的时间和精力分析企业财务信息。然而，随着互联网技术的引入，为财务会计的变革带来了新的挑战。本节论述财务会计这一主题。首先，简要介绍财务会计的历史和互联网的发展。其次，论述网络空间会计方法的变化和特点，分析网络技术与财务会计结合的优势和问题。最后，分析网络空间会计实践的变化，并根据现状提出应对"互联网＋"时代财务会计任务的对策。最后，提出解决"互联网＋"时代财务会计问题的对策，以提升财务人员的能力。

一、引言

与以往的企业财务管理工作相比，互联网时代的财务管理具有鲜明的优势，有效地扩大了企业财务管理的范围，允许对整个财务管理工作进行全面监督。在互联网时代，企业财务管理产生的信息更多，要求信息在短时间内快速传递。而企业要想顺应时代发展需求，就需要对财务会计管理工作的重要性有清醒的认识，从而创新工作模式。（图3-2）同时,企业还需要完善财务信息的传播,以多元化的方式管理财务会计信息,这样不仅可以有效提高企业财务管理效率,还可以全面优化工作环境。在互联网时代,智能化已成为企业财务管理工作的主要方向,是互联网时代企业财务管理的重要基础,也是市场经济发展的必然趋势,这不仅可以有效提高企业的市场竞争力,还有利于相关财务会计部门实施科学管理,奠定坚实的基础。

图 3-2　财务会计新模式

如今,我国已经进入互联网时代,互联网的蓬勃发展直接改变了财务会计管理工作,显著提高了财务会计的管理质量,财务会计涉及的内容也变得更加广泛。为此,相关人员必须深入分析互联网时代财务会计管理趋势,才能做好本职工作。

(一)扩大财务管理范围

在互联网时代,企业的管理效率显著提高,财务会计管理模式发生了变化。最显著的变化是它拓展了财务管理的范围,丰富了财务管理工作。例如,互联网的使用不仅使直接采购和管理得以实现,甚至有能力约束供应商和后期销售,确保管理的完整性。

(二)提高财务管理的及时性

实时性和及时性是互联网技术最显著的优势,因此对于财务会计管理工作来说,也需要提高信息传递的速度,帮助用户获得准确的信息。财务会计管理更加注重信息的及时性,互联网技术的存在使得这种需要得到有效的满足。互联网技术的使用使财务管理更加及时,改变了人员之间的沟通方式,增加了人员之间的沟通和交流。例如,互联网的使用,使相关工作内容的编排和工作的执行情况的监控成为可能;互联网的使用也使得对公司具体工作情境的反馈成为可能,效率显著提高。

(三)企业内部有序经营

互联网时代的财务会计管理工作能够及时传递财务信息,使财务管理工作更加灵活有序。财务会计管理工作是企业管理的重点。在企业财务会计管理中,如果仍然依靠以前的方式实施管理,很难取得明显的管理效果。此时,运用互联网技术可以对财务和业务工作进行科学管理,保证企业内部运行的有序性。

当前,我国正处于经济全球化加剧、信息传递极其迅速的时代,企业之间的竞争日趋激烈。面对竞争日益激烈的市场环境,领导者需要进行企业管理,不仅要考虑企业间竞争的传统因素,更要从管理层面入手,依靠强大而优秀的财务管理帮助管理者做出恰当的企业决策。因此,实时、全面的财务管理信息对管理者决策起着举足轻重的作用。

二、相关工作

财务会计是企业会计的一个分支,与管理会计一起,是企业会计的两个主要领域,被称为"传统会计",因为它遵循传统的手工会计记录,因此也被称为"外部报告会计",因为它关注企业外部利益相关者的决策需求和企业外部的财务报告。财务会计是一种经济管理活动,如图3-3所示。

图 3-3　传统财务会计

　　财务会计在企业管理中起着举足轻重的作用,可以通过各种会计程序为决策者提供有用的信息。因此,财务会计在企业的发展过程中至关重要,不可或缺。互联网诞生于 20 世纪六七十年代,是由一系列共同协议组成的大型全球网络。

　　随着经济的增长,互联网的发展速度加快,到 20 世纪八九十年代已经越来越成熟,并逐渐开始在全球范围内传播。纵观互联网的早期发展,几乎每十年都会发生根本性的变化。在中国,互联网的采用始于 1994 年左右。

　　随着移动互联网、云计算、大数据等技术的日益普及,人类已经步入互联网时代。无论是日常上下班的考勤记录和网上购物,还是日常工作中使用的软件,都与互联网技术密不可分。可见,网络技术对社会的发展具有决定性的影响,网络技术的发展将不断推动人类社会进入新时代。

　　通过将互联网技术应用于财务会计和管理,实现了计算机数据的传输联动和数据的自动计算,进而全面提高了财务数据的准确性。此外,在互联网技术的支持下,劳动者有效提升日常财务会计或管理中的信息共享程度,为财务监督的顺利实施创造良好条件。例如,在日常工作中,当工人需要相关的财务信息时,他们可以借助网络信息共享快速获取所需信息。

　　随着财务管理内容的逐渐多样化,企业财务管理人员只有充分认识

第三章 "互联网+"背景下企业会计面临的挑战

这项工作的重要性,不断提高自身的互联网技术和财务管理知识与技能,才能更好地满足现实工作的需要,进而充分发挥财务管理工作的最大价值。

三、方法

(一)基本模型

会计信息系统(AIS),是一个综合了所有会计信息的系统。AIS 是计算机技术在会计领域的重要应用,AIS 的产生使会计从最初的手工记账时代跨越到了机器记账时代,实现了会计电算化,是会计实践中的一项重要改革。其实质是会计信息系统使用计算机。

其作用机理是,会计信息系统首先收集前端业务流程产生的符合会计定义的部分数据,然后根据这些会计数据进行相应的会计处理,生成会计信息,最后管理者利用这些会计信息进行经营决策。经过分析和组织,AIS 的作用机制如图 3-4 所示。

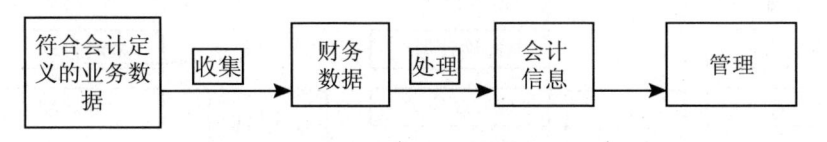

图 3-4 会计信息系统作用机制

本节以"会计信息系统能否实现业务与财务数据的共享"作为传统与财务一体化会计信息系统划分的标志,从这个角度来看,传统会计信息系统经历了 5 次演进,如图 3-5 所示。

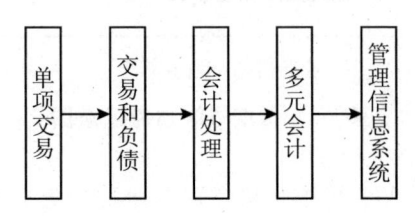

图 3-5 传统会计信息系统的演变

虽然前 4 个阶段的会计信息系统也可以记录部分业务信息，但记录的内容非常有限，基本上业务信息仍然需要通过纸质原始凭证在业务和财务部门之间进行传递。与前 4 个阶段相比，该阶段最显著的特点是将前端业务模块纳入 AIS，使得 AIS 不仅能够记录符合会计定义的业务数据，还能够记录其他类型的业务数据，从而使 AIS 系统为管理者提供更丰富的数据，使管理者能够通过系统更直观地看到原始的业务图景。

通过以上 5 个阶段会计信息系统的发展可以看出，传统的会计信息系统主要解决 2 个问题：一是无纸记账凭证，会计人员用计算机代替手工记账；二是认识到业务数据在企业管理中的重要作用，将业务部门数据和财务数据集成到会计信息系统中，使会计信息系统能够进一步发挥其高效的管理作用。

通过以上传统会计信息系统的发展历史可以看出，传统 AIS 向管理者提供会计信息进而为其管理决策提供服务，虽然在 MIS（管理信息系统）阶段已经可以向管理者提供业务信息，但由于业务和财务信息无法共享，导致管理者真正使用这些信息的程度较低，因此需要组织传统 AIS 功能如图 3-6 所示。

业务活动	财务会计	管理会计
采购活动	出纳管理	战略管理
生产活动	应收款管理	业务规划
销售活动	应付账款管理	总预算编制
存货管理	固定资产管理	风险管理
薪酬管理	普通分类账管理	业务分析
人事管理	报表管理	公司绩效

信息共享程度低 → 会计信息 →

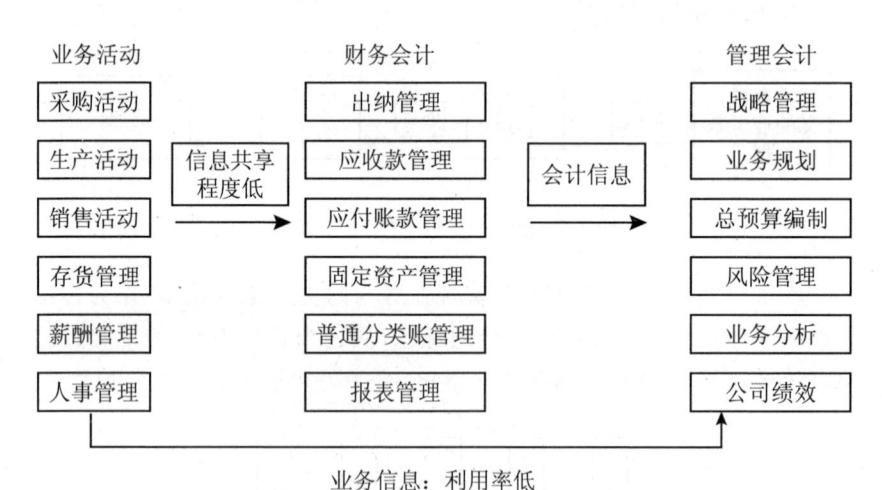

业务信息：利用率低

图 3-6 传统 AIS 功能示意图

企业财务集成 AIS 是指能够实现企业财务集成的会计信息系统，是企业利用各种现代计算机技术实现企业财务集成的有效平台和工具，将企业的财务工作推进到业务端，通过该系统，企业不仅可以获得财务

第三章 "互联网+"背景下企业会计面临的挑战

分析方面的管理信息,而且可以通过该系统实现财务集成。同时也可以直接从业务数据中获取与管理相关的信息,管理者可以利用这些业务信息对管理者进行更深入的分析,实现信息流与数据流的融合。

业财融合的会计信息系统实现了业务和财务数据的信息共享,突破了传统会计信息系统基本上只能利用会计信息参与管理的局限,提高了业务信息的利用率,更深层次地促进了会计与管理的结合,会计与管理的结合使会计成为企业管理的有力助手,为企业的经营管理提供了强有力的支持。管理者通过经营信息和财务信息进行决策和管理的结果、经理人通过经营信息和财务信息进行决策和管理的结果,可以反映在经营活动中,以提高经营活动的质量,因此其财务会计和管理会计职能是相互促进、密不可分的。AIS 的功能如图 3-7 所示。

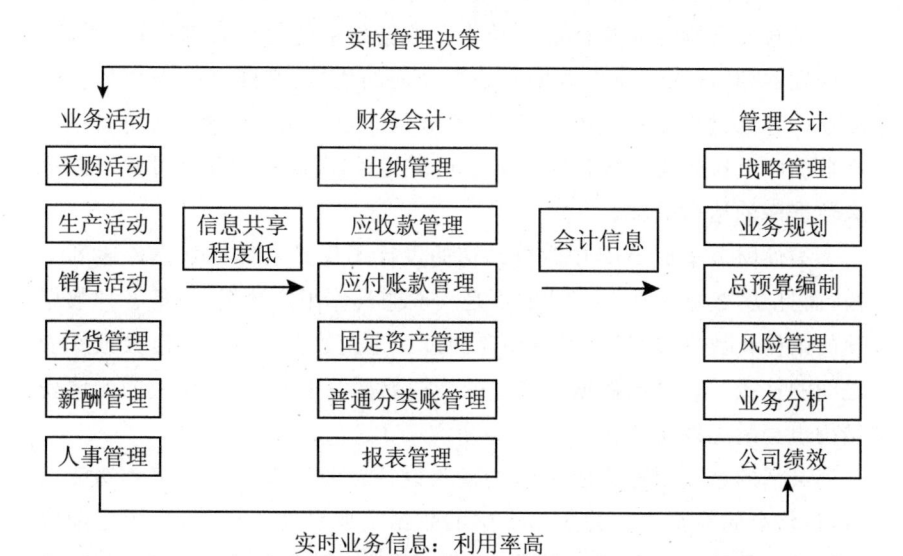

图 3-7 企业财务集成的 AIS 功能示意图

(二)改进模型

基于上述在应用过程中会计核算僵化、管理僵化、业务流程僵化等问题,柔性财务集成 AIS 的设计目标是使财务集成 AIS 具有灵活性,提高系统自身对外界需求变化的自适应性和可扩展性。然后缩短系统再开发周期,降低再开发成本,具体包括灵活的输入和数据结构、灵活的数据流、灵活的业务流程、灵活的数据输出。

1. 灵活的输入和数据结构设计

传统的业财融合 AIS 对于数据结构的开发设计通常只是具体的数据库表和字段,即默认的前提是后期数据库表结构不发生变化,数据项中的数据表不发生变化。这种僵化的系统在初始设计时没有考虑到企业后续使用中可能出现的数据结构的调整,当然也没有为用户预留的输入空间来配置前端的数据结构,使得开发的系统在输入和数据结构方面对用户缺乏一定程度的自适应性。

数据库中与柔性行业财务集成 AIS 输入和数据结构设计相关的两个重要概念是触发器和存储过程。触发机制保证只有当触发事件发生并满足触发限制时才执行触发动作。数据库中的每个表都可以设置一个触发器,其作用是建立数据库中多个表的连接,实现多个表中数据的联动。存储过程是一组语句,通过参数集完成特定的函数,以便当用户在数据库上执行类似操作时不需要重复编译,因此使用存储过程可以提高数据库的运行效率。

柔性财务集成 AIS 中数据结构的设计不仅是具体的数据库表和字段,而且是"数据字典",存储的不是一般的具体用户数据,而是各种数据项的结构化数据,通过触发器和存储过程建立数据字典与实体数据库表之间的连接。这样当数据字典中的结构数据发生变化时,相应的实体表结构也会随之发生变化。

灵活的企业财务集成 AIS 的输入设计是通过设置数据字典功能卡接口,将存储在页面上的数据库中的数据字典呈现给用户,为用户配置数据结构预留输入空间。利用该函数,可以执行以下两种操作:首先,可以创建新的原始文档,并输入与内容相关的特定数据项(如企业实现并购、开发新业务,在系统中出现新的业务文档,但有的可能完全缺位,此时用户可以通过创建新的原始文档来实现);其次,可以在数据项(如特殊企业在财务会计或管理决策方面的需要,可在业务文件上添加一些特殊数据项,可在原始数据库表单中添加或修改)中修改原始文档,从而满足企业对数据结构不断变化的需求。

"数据字典"是一个"仓库",可以用来存储多种结构数据。它应该包括以下两个表:一个是详细表(存储数据库各表的数据项内容,包括字段

第三章 "互联网+"背景下企业会计面临的挑战

名称、字段类型等),另一个是目录表(所有表聚合成一个表,相当于所有数据库表的目录)结构,如表 3-1 所示。

表 3-1　目录表结构

字段名称	意义
标识	表号
T_名	表名
T_型	类型
创建者	创建者

输入和数据结构的灵活实现过程如图 3-8 所示。业务和财务融合 AIS 与数据库中相应的实体表之间的数据更新链接通过触发器和存储过程完成。当用户在 AIS 的数据字典功能卡中执行添加、删除或更改操作时,使用数据库接口调用相应的数据库,并将相应的数据更改记录在详细表中,添加、删除或更改操作然后触发嵌入在详细表中的触发器,并将用户在前端页面修改的数据记录在临时表中,执行相应的存储过程,然后修改相应的实体表。实体表的修改将实时呈现在 AIS 的接口上,使用户可以通过 AIS 上的数据字典功能卡实现数据库中相应表单数据结构的变化,实现输入和数据结构的灵活性。

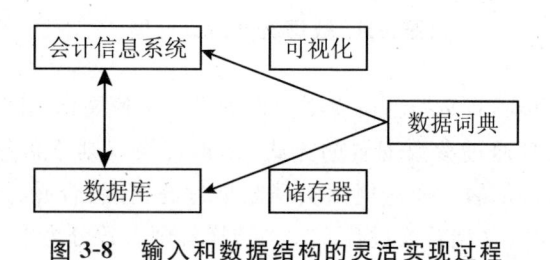

图 3-8　输入和数据结构的灵活实现过程

2. 灵活的数据流设计

由于传统 AIS 中数据结构是固定的,所以数据项之间的流量也是固定的。虽然传统的刚性 AIS 可以实现文件之间、文件和凭证之间、文件/凭证和报告之间的数据项流动,但这种流动是坚实的,不允许用户自行配置,例如,有些数据只存在于上游文档中而不存在于下游文档中,但管理者需要将这些只存在于上游文档中的数据项添加到下游文档中,以满足管理需求。如果上下游文档中不存在新的数据项,则很难对系统中这些扩展数据项的流量进行配置。

灵活业财融合 AIS 中数据流的设计重点在于建立上下游文档之间、各种文档与凭证之间、文档与报表之间的可视化文档转换规则,可由用户配置。具体设计图如图 3-9 所示。

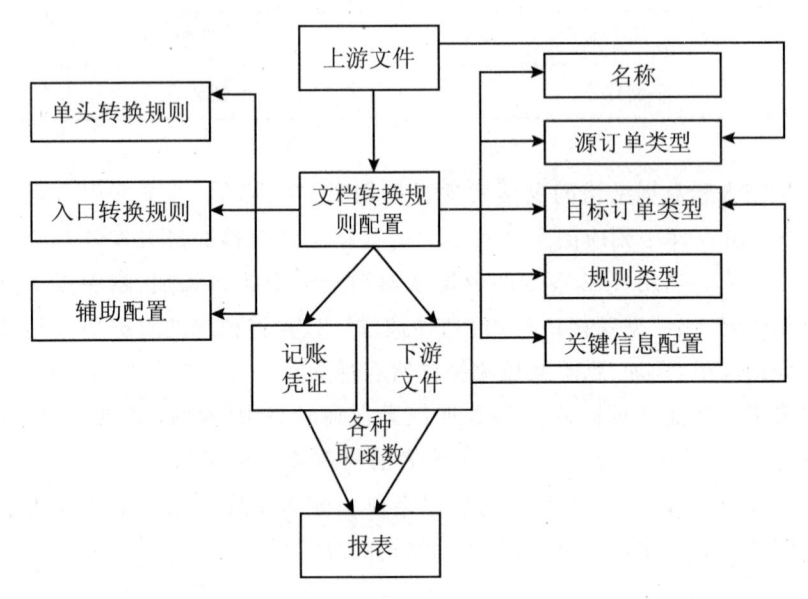

图 3-9 数据流灵活设计图

文档转换规则:文档转换规则的设计是为了使文档之间的数据转换更加方便,并且通过参数配置的方式,使得转换规则不再僵化、不可更改,但可以灵活部署。通过规则实现数据过滤、分组合并、计算等配置,满足业务需求的文档转换过程。文档转换规则大致分为单头转换规则、辅助配置等。通过单头转换规则进行参数配置,可以建立文档间各数据项之间的关联关系,而期刊条目转换规则中的参数设置可以实现生成凭证的重新配置。

3. 灵活的业务流程设计

在传统的刚性业务财务系统中,由于业务流程的固定设置,业务用

第三章 "互联网+"背景下企业会计面临的挑战

户无法根据实际需求调整业务流程,而业务与财务流程的整合只能根据业务需求设置财务指标,并且不能根据企业的财务指标优化业务流程,而业务流程的设置只能实现 A—B—C 单向业务流程。随着企业大量的业务需求,传统僵化的业务流程结构已经不能满足当今企业复杂性的需求。

柔性 AIS 中业务流程设计的核心是用户自身能够实现业务流程的定制。业务流程定制是一个预先提供通用业务流程模型并支持用户根据自己的需求进行个性化操作的系统,允许用户在不改变源代码的情况下实现流程的动态组合或动态定义,增加了财务系统业务流程的灵活性。灵活的 AIS 为用户提供了自由配置业务流程的功能,实现了业务流程管理与财务集成的 AIS 的紧密联系。

业务流程定制的灵活性体现在以下几个方面,其操作的整体流程如图 3-10 所示。

图 3-10 业务流程柔性设计图

4. 灵活的数据输出设计

传统的财务集成系统在最终输出报表的格式和内容上都是相对固定的,例如,四种常用的财务报表模板的格式都是相对固定的,内容也是相对固定的,所以如果模板报表内部的项目名称或数据源发生变化,企业就不能自行及时地进行变更和调整,所以僵化的财务集成 AIS 在一定程度上造成了管理分析的局限性。

柔性企业财务集成 AIS 中柔性数据输出的设计重点在于用户对信息输出内容和格式的配置能力,如前所述,对于最终的财务会计报告和管理会计报表,管理者可以随意选择输出内容和格式,如果系统模板中定义的报表中的项目不满足实际需求,则可以根据需求选择输出内容和格式。用户可以自定义报表格式和内容,以满足管理者的个性化需求。灵活的 AIS 支持可定制的报表功能，允许用户利用提供的可视化页面，结合单位和部门的实际情况，设计报表格式、报表项目、来源、计算和处理方法。系统将根据用户的定义自动生成用户想要的报表。一旦用户的需求发生变化，用户可以在不修改会计信息系统本身的情况下，修改原有报表设计或设计新的报表来满足自己的需求，即数据输出灵活性设计的核心在于自定义报表功能的实现，具体设计流程如图 3-11 所示。

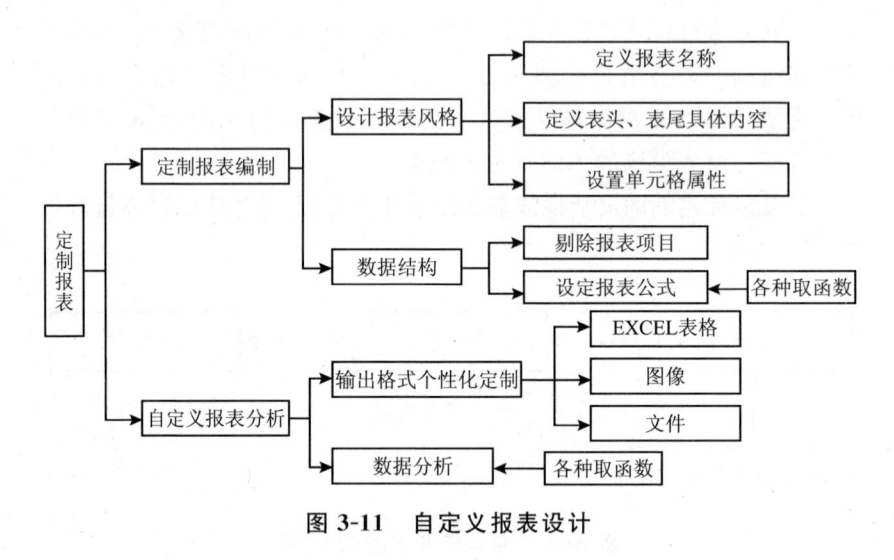

图 3-11　自定义报表设计

四、个案研究

一个公司或是一个大型综合性的现代企业集团，随着集团规模的逐渐扩大，原有的财务和商业模式开始难以适应集团的管理需求，这在一定程度上阻碍了集团的发展。在互联网背景下，充分利用新的信息技术工具进行改革势在必行。我们首先在图 3-12 中展示了不同员工对财务会计系统管理升级的认可程度。

财务共享实施前，某公司财务部门主要负责日常核算、费用报销、经常账户管理、资金筹集与运营、投资管理、预算管理、纳税申报、报表编制与分析等工作，主要集中于财务管理。随着公司的发展，子公司、海外分公司和战略业务单位的数量逐渐增加，集团改革和采用了集团客户分部的组织形式，并在各分部内部建立了财务分部，由集中的财务管理模式转变为分散的财务管理模式,各财务分部负责自己的本地业务对应的费用报销核算等工作。然后各业务单元定期向业务单元的会计人员发送业务相关数据,各业务单元的会计部门将处理后的财务和业务分析数据提交总部小组进行数据汇总和分析。

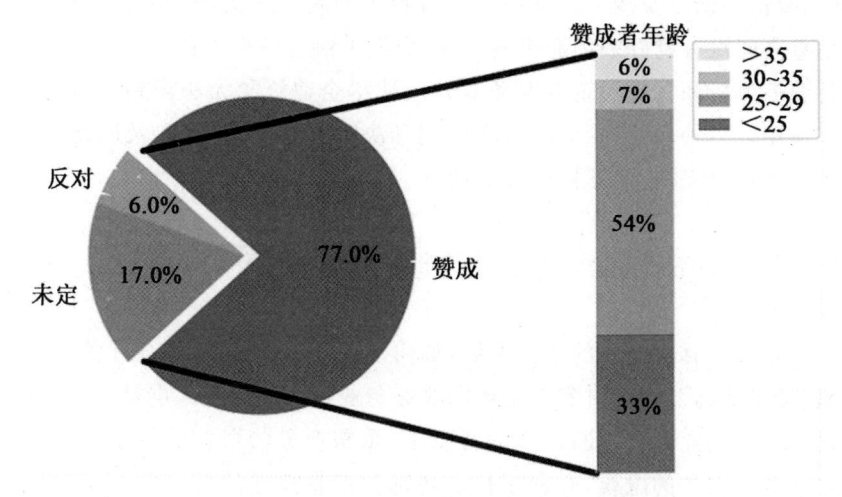

图 3-12 不同员工对财务会计系统管理升级的认可程度

A公司要实现业务与财务系统的融合,在业务系统与财务系统分离之前,由于缺乏规划,A公司业务部门和财务部门都是根据自己的工作和业务操作来选择所需要的软件,这两个部门购买软件的时间、软件设计不同,系统很难很好地接口,或者从技术接口成本高的角度来说,很难满足管理者的管理需求。财务与业务信息联系的障碍使集团处于信息孤岛状态,特别是随着集团发展壮大,业务越来越多,财务数据和分析难以支撑集团的经营决策,业务数据无法及时向财务提供最快、最及时的反馈。

(一)分析了某公司业财融合前存在的主要问题

(1)劳动力成本高,价值创造低。一家公司的客户业务单位建立同一职能的财务部门,重复建设一个财务部门既费时又费力,大量会计人员增加了集团的运营成本。各财务部门繁重的会计核算量占用了会计人员的大量精力,使其难以退出业务管理,为企业的经营战略管理提供决策支持。

(2)信息沟通不畅。首先,某公司在不同的集团客户分部安排了职能相同的会计人员,财务信息首先由分部会计人员汇总分析后提交集团总部,可能导致人员和部门的冗余。造成集团总部财务信息收集不及时、操作错误以及线上线下信息不对称等问题。其次,业务信息与财务信息之间没有良好的沟通机制,核心数据不能统一集中在同一系统中进行业务分析和管理。企业财务双轨制使得企业资源无法得到有效配置和应用。另外,财务管理的价值应用和决策分析不能快速、及时地为业务发展提供支持,业务执行效率低下。

(二)互联网时代某公司实施的业财一体化

随着计算机技术的不断发展,如何走近"互联网",重塑会计流程,打破"信息孤岛",无疑对实现企业的业务与业财一体化至关重要。在集团越来越多的业务和不断扩张的背景下,重塑业务与财务的关联关系,通过业务与财务的融合,有利于打破各部门信息孤立的尴尬局面,使财务能够对业务事实提供及时真实的反馈,并为集团内部决策和控制提供高效的支持,实现"业务拉动财务,财务支撑业务"。业务与财务的融合关键在于如何实现财务与业务的"两轮驱动",在于如何从集团业务流程重组中重组会计流程。下面以某公司的实施路径为例,说明其如何利用财务共享平台整合业务与财务,实施赋权管理。

为了实现业务与财务的融合,实现管理授权,某公司充分利用财务共享平台进行建设。一家公司的财务共享中心是基于前端业务融合的一体化、统一的会计平台。

前端所有的交易、发票、对账、付款等流程都作为数据采集点进行采集,并将大量的数据资源实时采集录入数据平台存储信息,对存储的数据进行提取、汇总、分摊、抵销和合并,转换为口径。存储的数据被提取、聚合、分配、偏移和合并、转换,然后通过管理维度进行聚合和显示(图3-13)。

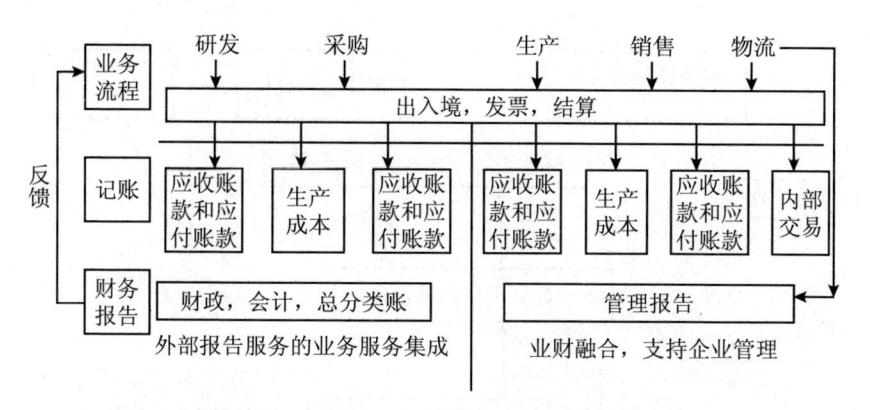

第三章 "互联网+"背景下企业会计面临的挑战

图 3-13 业财融合下的公司变量转换模型

我们进一步分析了图 3-14 中财务会计业务不同环节的变化。

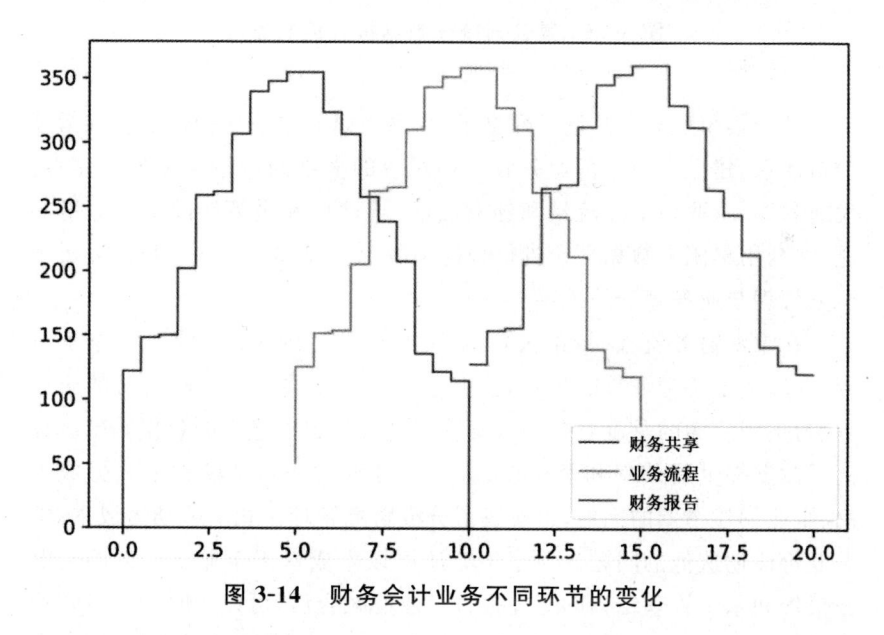

图 3-14 财务会计业务不同环节的变化

集团以报表格式和统一指标体系为基础,建立相应的分析模型,创建统一的财务数据和报表平台,编制财务报表,为集团提供规范的财务会计、多维成本和盈利能力分析等服务,为相关信息披露、集团管理和决策提供支持(图 3-15)。

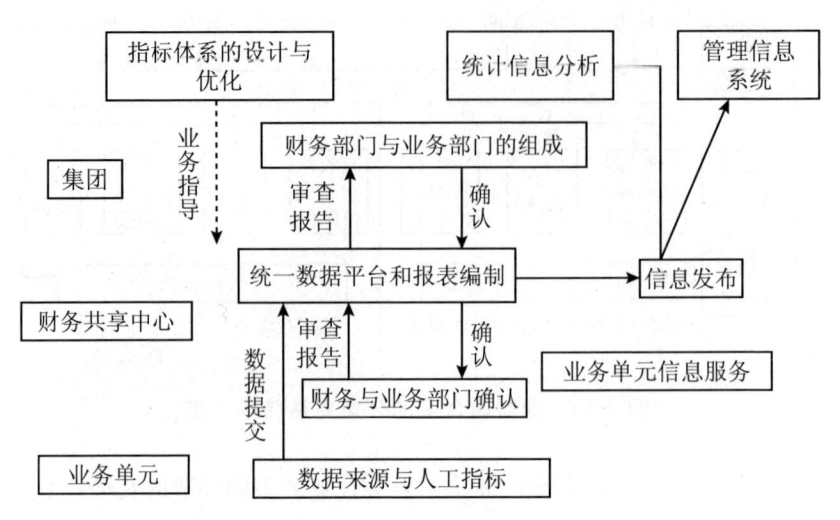

图 3-15 某公司统一数据报表编制流程

基于集团财务共享统一数据平台,共享财务中心还构建了多维指标分析体系,建立了与主营业务收入相对应的多维问责指标和分析体系。税前利润、营业现金净流量和经营层面、管理层和决策层的重大质量问题,并利用集团大数据平台进行分析和展示。在图 3-16 中,我们分析了财务管理与业务管理的关系。

在重塑财务流程后,某公司内部财务共享中心平台统一了整个流程,并埋下了关键环节的信息,使财务规则充分渗透到关联交易的全过程,为集团后期的月度对账和数据管理分析奠定了坚实的数据基础。提高了数据提供的效率和及时性,解决了分散财务管理模式下人力成本高、企业创建率低的问题,也解决了分散财务管理模式下劳动力成本高、企业价值创造低的问题。共享中心还可以生成基于企业结构的两套财务报告和基于管理结构的管理报告。业财融合后,可以实时发布经营预算执行报告,允许集团实时监控预算的具体执行情况,为集团管理者和决策者提供有力支持。

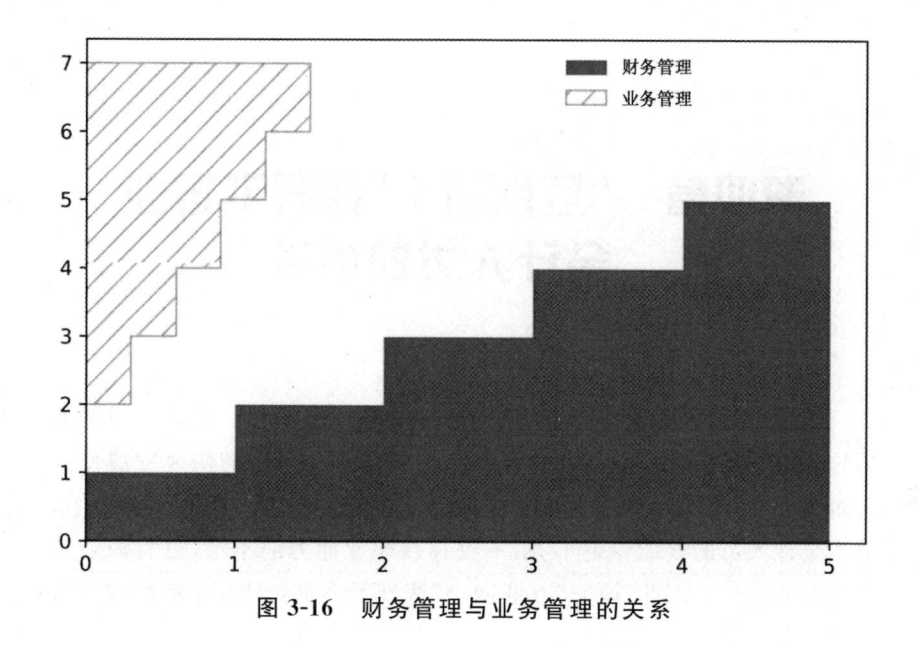

第三章 "互联网十"背景下企业会计面临的挑战

图 3-16 财务管理与业务管理的关系

五、结论

总而言之,对于企业来说,财务会计管理至关重要,是企业发展的基础,特别是在互联网时代,企业需要加强财务会计管理模式的创新,使之适应时代的发展需要。但目前,一些企业的财务会计管理工作已经难以适应网络时代的发展,管理理念也没有及时更新。企业必须对此更加重视,采取合理的方式对其进行优化,通过加强信息化建设,明确突出问题,进一步拓展财务会计管理领域,使企业获得新的发展,全面提高财务会计管理水平。

第四章 "互联网＋"背景下企业会计人才的培养

当今世界，国际竞争归根到底是教育和人才的竞争。会计人员的素质培养对于经济社会发展起着至关重要的作用。经济的快速发展使社会对会计人员的需求增大，带动着会计产业的发展。但我国会计人才市场上会计人员的素质参差不齐，不仅存在职业能力的不足，更有职业道德素质的缺失。因此，研究"互联网＋"背景下企业会计人才的培养具有积极意义。

第一节 "互联网＋"背景下企业会计人才培养的现状

一、"互联网＋"背景下会计人才应达到的标准

（一）会计人员应跟上信息技术变革的步伐

在"互联网＋"背景下，云计算、大数据是信息技术应用方式和信息化发展方式的重大变革。这一变革不仅是技术上的，而且也是思维上的变革，作为与数字、数据打交道的会计人员，应能在这种技术和思维的变革中赢得先机。因此，如何在这种信息技术的变革中跟上时代的步伐，让云计算、大数据与会计结合，更准确些说是让云计算、大数据与管理会

第四章 "互联网+"背景下企业会计人才的培养

计结合,让现有的会计数据成为资源,成为能为企业发展、决策提供更好依据的资源,这是组织培养会计人才的全新要求。

在"互联网+"背景下,会计人才应达到以下标准(图4-1)。

```
                            ┌──────────────────────────────┐
                        ┌───│ 会计人员应跟上信息技术变革的步伐 │
                        │   └──────────────────────────────┘
                        │
"互联网+"              │   ┌──────────────────────────────┐
背景下                  ├───│ 会计人员应和财务队伍共同推进工作 │
会计人才               │   └──────────────────────────────┘
的标准                  │
                        │   ┌──────────────────────────────┐
                        ├───│ 会计人员应对管理决策起到支持作用 │
                        │   └──────────────────────────────┘
                        │
                        │   ┌──────────────────────────────┐
                        └───│ 会计人员应具有管理会计的沟通和实践能力 │
                            └──────────────────────────────┘
```

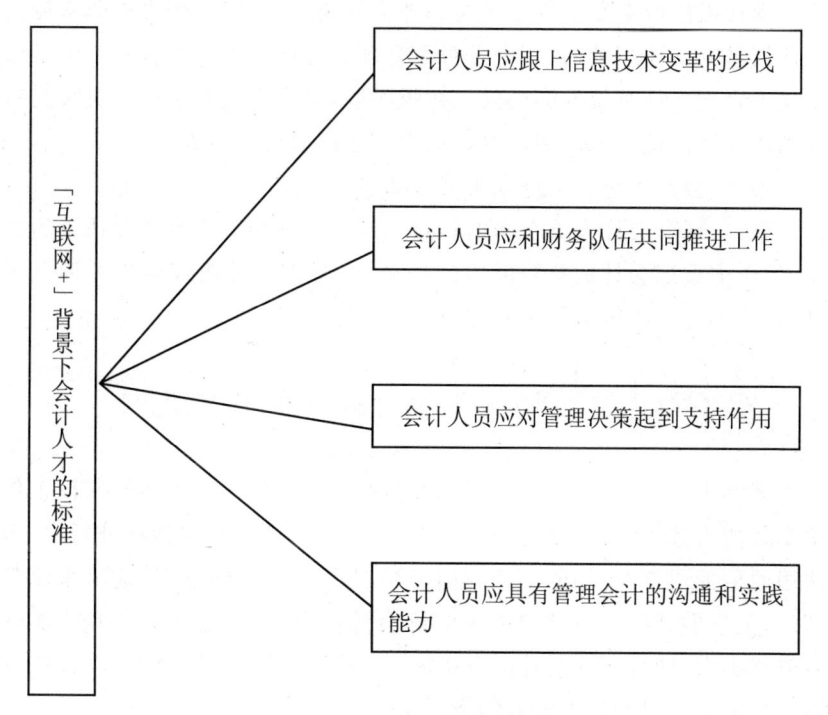

图 4-1 "互联网+"背景下会计人才的标准

(二)会计人员应和财务队伍共同推进工作

在严格的企业准则体系训练下,会计人员的视野局限不开阔,无法注意到会计以外的信息对企业发展和决策的影响,包括对会计工作推进的影响。会计人员在工作中单向思维,无法站到企业经营管理的视角看问题,就是在一些高职位的会计人员身上也经常出现这样的问题:把会计处理方法当成处理会计工作的方法。自身和财务队伍都很努力,但是工作局面始终打不开,建议得不到采纳,走不进企业决策队伍。在"互联网+"背景下,要求企业中的会计人员应和财务队伍共同推进工作。

(三)会计人员应对管理决策起到支持作用

现代组织应对复杂快速多变的外部环境,其经营管理决策非常需要会计信息的支持与辅助,特别是对于管理会计的需求非常迫切。但是由于我国管理会计系统发展尚处于初级阶段,会计人员对管理的决策支持作用还没有体现出来。造成这种局面的原因有两个方面。

第一,会计人员无法进入决策者队伍。

第二,现有会计人员在掌握和熟练运用管理会计工具方面还较为欠缺,工作中重视会计的核算能力的培养,对管理会计决策能力的训练不足,无法参与到决策队伍中,自身存在短板。

(四)会计人员应具有管理会计的沟通和实践能力

现实中的企业会计人员队伍,大多敬业、严谨、敏于行、讷于言,工作中实践能力较强,但是缺乏沟通能力,特别是在企业经营活动分析中,无法用通俗的语言、生动的案例将财务信息所反映的问题,传达给企业各部门,无法做到按照各部门需求解读会计信息。因此,在会计实践操作技能基础上,增强管理会计的分析能力、沟通能力,解读和翻译会计信息也是当前企业对会计人才的需求。

二、"互联网+"背景下会计人员素质的现状

会计工作是一门专业性和技术性强的工作,除了掌握基本的专业知识外,不同性质的工作岗位对其知识还有不同层次的要求。道德素质方面要坚持清正廉洁、实事求是的基本要求以及诚信为本、不做假账的职业道德规范。强烈的法治意识和良好的思想道德素质是前提,良好的理论基础以及业务素质是核心,终身学习的思想观念是保障。树立终身学习的思想观念能不断更新自己的知识储备,与时俱进,紧跟时代的潮流。然而当前会计人员素质的现状令人堪忧(图4-2)。

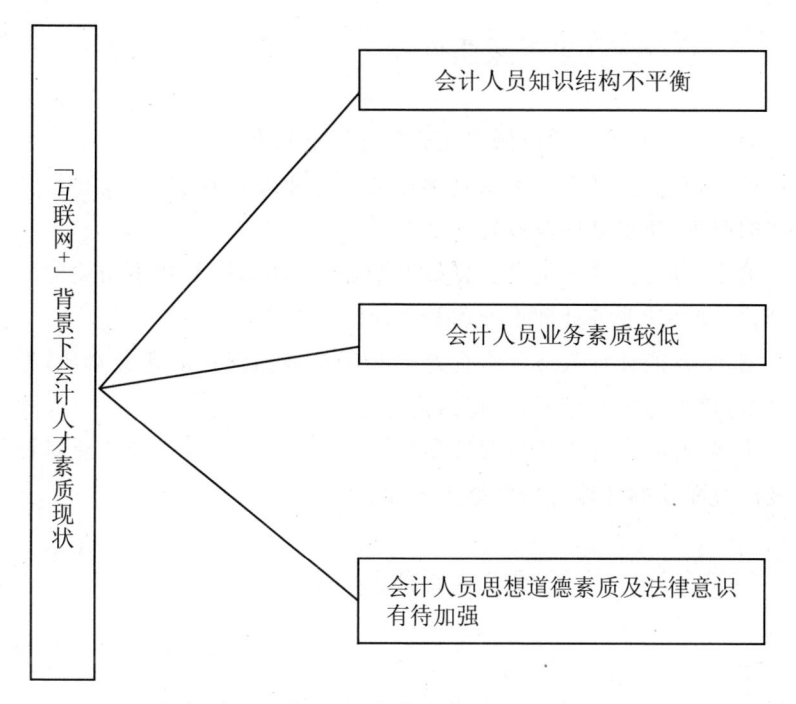

第四章 "互联网＋"背景下企业会计人才的培养

图 4-2 "互联网＋"背景下会计人才素质现状

（一）会计人员知识结构不平衡

会计人员的整体知识水平跟不上社会发展进度，满足不了经济社会对高质量人才的需求。据统计，截至 2014 年底，累计有 515.6 万人通过考试取得了资格证书，其中，初级 348.3 万人，中级 153.5 万人，高级 13.8 万人。据不完全统计，截止到 2015 年底，在国有单位以及县以上集体单位工作的会计中具备中专以上学历的人数占 77.5％，其中大专学历人数占 15.1％，大学本科学历占 45.3％，研究生学历占 17.1％。由此可见，我国高层次的会计人才较少，低学历或无学历占比较大。有的会计人员没有受过专门的会计教育，虽然具有相关工作经验，但在新形势下难以得到更好的发展，难以适应新形势的要求和变化。[①]

[①] 黄辉，尹建平．现代财务与会计探索 第 5 辑[M]．西安：西安交通大学出版社，2019．

(二)会计人员业务素质较低

会计人员业务素质较低主要表现在以下几方面。

第一,有的会计人员不认真学习会计专业理论知识,不能履行会计工作的职责,使得某些业务处理不当。

第二,有的会计人员没有良好的职业判断能力,不熟悉相关的政策法规,导致会计业务处理不准确及会计信息失真。

第三,有的会计人员虽有良好的知识储备和较强的业务素质,但满足现状,接受新准则较慢,知识结构老化。

第四,有的会计人员仅仅停留在简单的记账上,对资产的质量评估以及应收账款的坏账分析掌握度不够,知识体系不全面。

(三)会计人员思想道德素质及法律意识有待加强

主要表现在以下几方面。

第一,有的会计人员工作热情不高,责任心不强,失误较多。

第二,有的会计人员违背职业道德,为了谋求私利放弃了工作的原则性。

第三,有的会计人员以权谋私,捏造虚假信息,造成会计信息失真。

良好的思想道德素质是合格的会计人员必备条件之一。当前社会出现重大财务舞弊现象大多是由于会计人员法律意识淡薄,思想道德素质不高引起的。

三、"互联网+"背景下高校会计教育在人才培养方面的现状

(一)教育目标定位不明确

几十年来,我国基础会计教育的目标都是培养优秀的会计专业技术人员,高校对基础会计教育的定位也几乎从未改变。培养优秀的会计专

第四章 "互联网+"背景下企业会计人才的培养

业技术人员的目标之所以能够适应传统教育的发展,是因为传统的会计工作业务量小,工作内容较为单一。传统的会计对基础会计人员要求不高,且需求量很大,是几十年的老牌高考志愿热门专业。此外,传统的会计操作手续繁多,很多工作都是重复的,会计人员思维模式较为单一。但新时期的会计赶上了互联网的潮流,会得到飞速发展,"互联网+"会计是未来会计的发展趋势,高校作为培养会计人才的地方,不能一味地坚持传统会计的培养目标,应该取传统会计之精华,弃传统会计之糟粕,建立能够顺应新时期发展的培养目标。

"互联网+"背景下高校会计教育在人才培养方面的现状如下(图4-3)。

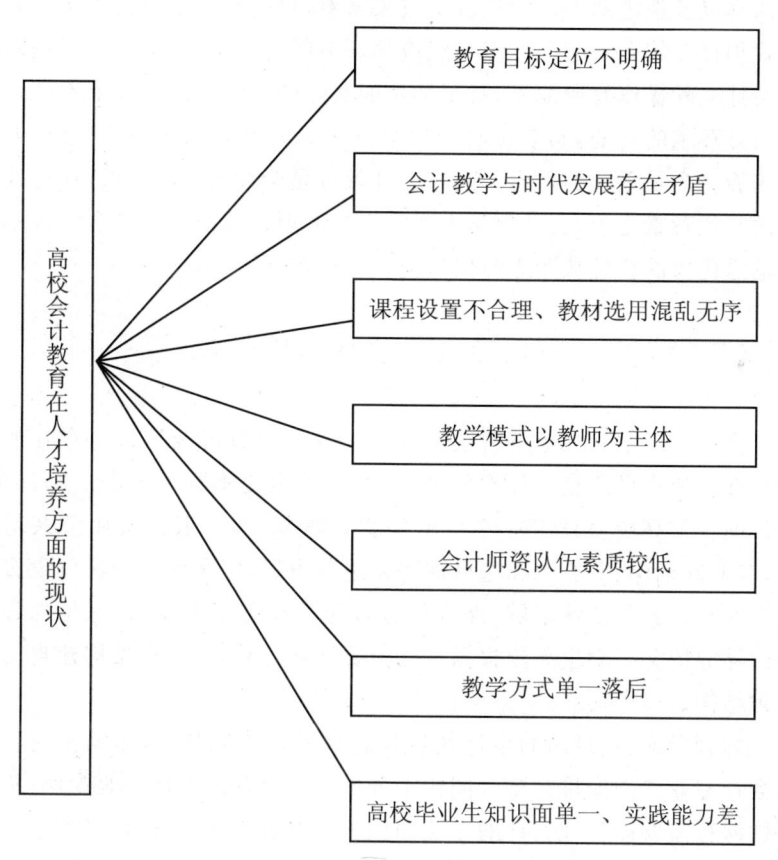

高校会计教育在人才培养方面的现状：
- 教育目标定位不明确
- 会计教学与时代发展存在矛盾
- 课程设置不合理、教材选用混乱无序
- 教学模式以教师为主体
- 会计师资队伍素质较低
- 教学方式单一落后
- 高校毕业生知识面单一、实践能力差

图 4-3 高校会计教育在人才培养方面的现状

(二)会计教学与时代发展存在矛盾

在"互联网+"背景下,高校的会计教学中也逐渐涌现出一些与时代发展不相容的矛盾。吉林大学会计系一项基于国内两所大学的实证研究表明,目前我国高校的会计教育水平总体一般,并未达到让人十分满意的程度。其中较为突出的问题在于教学方式缺乏创新,学生缺乏足够的兴趣与热情,导致教学质量不能达到较高水平。从调查结果来看,目前高校已经意识到实践与理论结合的重要性,在会计教学中均会设置实验课程以及理论课程。但从教学成果来看,目前的理论与实践结合教学方式仍存在较多问题。许多实践教学环节的仿真性和技能性显得薄弱,与会计实际操作有所偏差,对于学生的实际动手能力培养效果不佳。面对会计环境的转变,如果我们的教学方式仍旧停滞不前,对于会计人才的培养将会是重大的阻碍。高校会计教育是会计人才的起点,在迅速发展的时代背景之下,会计教学方式唯有与时俱进才能够为社会源源不断地输送优秀的会计从业人员以适应社会所需。[①]

(三)课程设置不合理、教材选用混乱无序

会计教学中一大亟待解决的问题是课程设置以及编排上存在的不合理性。课程设置是会计教学的主体,因此也是不容忽视的一个环节。从目前各个高校会计专业学生的课程设置来看,一般都按照公共基础课、专业基础课、专业课和选修课等来进行设置,但在课程的具体设置上存在课程设置灵活性不够、课程设置普遍存在着因人设课、课程内容因人而异的情况。学生无法根据自己需要选修课程,因此很难构建自己的知识结构。

内容严谨、质量高的会计教材是高水平教学的基础,而高校对于各类会计专业课的安排与整合同样十分重要。以资产评估专业为例,资产评估课程需要以管理会计的专业知识为基础进行教学,但许多教学培养方案中往往将管理会计的课程与资产评估课程同期进行或者管理会计在资产评估之后安排,导致知识储备不足影响教学质量的局面。此类问

---

① 黄辉,尹建平. 现代财务与会计探索 第5辑[M]. 西安:西安交通大学出版社,2019.

第四章 "互联网十"背景下企业会计人才的培养

题对于授课的质量将会有不小的影响,因此需要引起足够重视。

(四)教学模式以教师为主体

传统的教学模式往往都是以教师为主体进行的,在这种模式下,学生只是作为教学信息的接收者,却往往忽略独立思考与创新创造的重要性。老师一味地将自己的想法与理解传递给学生,而没有重视学生的反馈,这种教学模式下,老师对学生的想法知之甚少,很容易造成沟通的阻塞,对学生的长期培养效果甚微。在大多数情况下,学生与老师是处于不同的知识层面与视角来看待问题的,想法上的偏差往往比老师所想象的更为巨大,因此教学主体的转换显得尤为重要,单纯的以老师的输出为主体,缺乏与学生的交流,将使得学生对会计知识的认识严重不足。此外,学生思维上的固化将是此种教学模式下的另一大弊端,只有鼓励学生勇于在课堂上发表自己的独特见解,才更有助于思维的创新发展。

(五)会计师资队伍素质较低

大多数会计专业课教师还是称职的,但不可否认存在一小部分会计专业课教师的专业水平和教学水平一般,甚至仍存在一些会计专业课教师的水平较差或很差,这对于培养高素质的会计人才的要求来说,还是非常欠缺的。很多会计专业课教师素质较低主要表现在以下几个方面。

第一,教学观念陈旧。
第二,实践经验不足。
第三,知识结构、年龄结构、学历结构等不合理。
第四,不重视研究,没有把主要精力用在教学上。

(六)教学方式单一落后

以会计电算化为例,随着科技迅速发展,会计电算化在会计实务中的运用将越来越广泛。然而,在实际教学当中,会计与计算机的教学结合却尚不成熟。在高校的会计教学培养方案中,对于计算机实际操作与会计知识的结合十分少见,但与之形成对比的是需求日益增多的会计电算化人才。许多毕业生如果没有熟练地掌握计算机操作会计实务,在工作上必将面临阻碍。

目前,会计教学方式仍旧以课堂教学为主要方式,照本宣科满堂灌的课堂讲授方式仍然比较普遍。这种教学方式不利于创新性和实践性会计人才的培养。会计从业人员在进入工作之后往往会碰到诸多在课堂上不曾碰到的难题。许多实际工作中的困难在我们的会计教学中往往没有涉及,因而造成许多会计行业的从业人员在毕业后感到迷茫的处境。

会计是一门理论与实践联系紧密的学科,许多的专业素养与知识必须从实践中不断总结而来。就目前现状而言,许多会计从业人员一般是在长时间的实践工作中慢慢积累专业知识与实践经验,这就大大削弱了高校会计教学的作用,也使得会计行业的门槛变低。另外,会计专业的毕业生面对巨大的竞争压力以及对所学专业知识的不自信也会导致他们选择转行,从而一定程度上造成人才的浪费。综上来看,教学方式的创新发展已经刻不容缓。应结合实际情况增加多媒体教学、网络教学、案例教学等方式的比例,更要开发互动式、启发式的研讨性和探索性的教学方式。

(七)高校毕业生知识面单一、实践能力差

1. 知识面单一

会计专业的高校毕业生进入社会以后的工作岗位是每个组织的财务、审计部门和各大会计师事务所等。事务所对一个刚毕业的高校大学生的成长是非常有帮助的,进入事务所工作是一个不错的选择。会计师事务所的主要业务是财务报表审计,但近年来其业务也在不断更新发展,财务报表审计所占的比例逐年缩小,更多的是滋生了管理咨询、经营专项审计等。在一个逐渐发展并完善的资本市场中,财务管理活动是企业管理的中心,会计的功能不仅仅局限于反应过去的经营成果,更要参与企业的经营管理活动,做好预算管理、经营决策等。目前部分高校教育中已经大幅缩减了通识教育课,减少了会计专业学生接触多层次综合知识的机会。也有很多高校不重视通识教育课,即便开设了相应的课程,但也没有起到相应的效果。同时学生在学习的时候用心程度不如专

业课,期末考核也比较容易,学生自然也就建立不起多层次的知识体系。校方不重视,学生不努力是会计专业学生知识面单一的主要原因。

2. 实践能力差

作为刚刚大学毕业的会计学生,可能其在学校理论知识的学习方面表现得很优秀,但真正进入企业时候,理论知识不一定能和实践工作结合起来,几乎绝大多数人都得跟着"老师"学上几年,才能独自开展工作。更有甚者,部分会计学生在校学习不认真,没有学习到应该掌握的会计知识,即便在工作岗位上有"老师"带,也因不称职被调离了会计工作岗位。出现这种现象的原因主要有以下两个。

(1)当今的高校教育主要以理论教学为主,淡化了实践能力培养,理论脱离了实际。绝大多数高校在会计教育工作中实践教学环节薄弱,学生很少能够接触到真实的会计工作,即便是有实践课程,课时数也是相当少,学生在学习的时候没有理解透彻,自然很快就会忘记了。

(2)大多数会计教学中的教学方式都是老师教授,学生被动接受,没有充分调动学生的积极性,学生更多的可能只是死记硬背地记住了知识点,在考试时候考出了一个好成绩。此外,在教学中缺乏案例的实际分析,学生对会计知识理解不透彻。这样的教学方式较为单一,忽略了培养学生的思维能力,导致其在以后的实际会计工作中遇到问题时,不能自己分析解决,个人业务能力较弱。

第二节 "互联网＋"背景下会计人才培养现状的改革措施

一、"互联网＋"背景下会计人员素质培养的措施

会计人员素质的培养是一项重大任务,它有利于整个经济社会的发展。会计人员应不断全面提升自己的素质,使之更好地为经济建设服务(图 4-4)。

```
会计人员素质培养的措施
├── 增强财会人员的自主性和创新性
├── 加强会计人员专业技能的培训
├── 强化职业道德培训和法治意识
└── 加强会计人员参与决策管理的能力
```

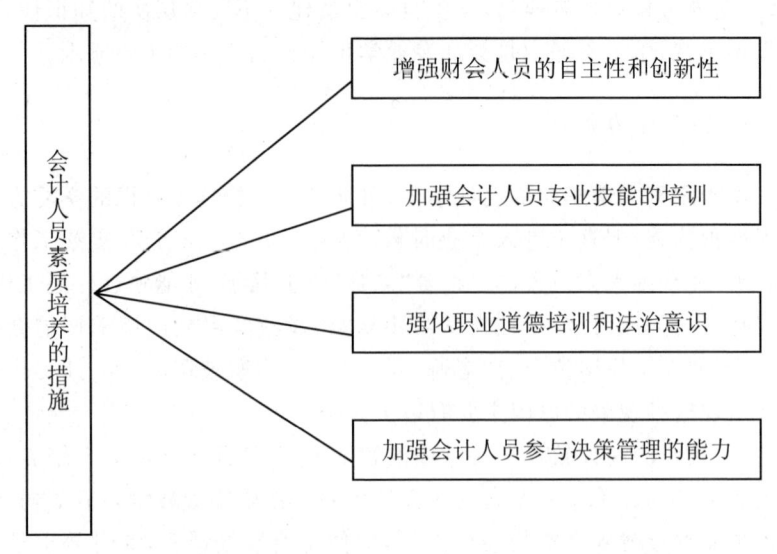

图 4-4 "互联网十"背景下会计人员素质培养的措施

（一）增强财会人员的自主性和创新性

在"互联网十"的经济背景下，高素质会计人才应该自主学习，养成终身学习的理念。随着信息技术的发展，会计记账方式发生了翻天覆地的变化，从原来的手工记账到现在的会计电算化，都是会计方面的革新。为了适应这些变化，会计人员应该不断学习新的技能，对知识社会拥有极高的适应性，如电子表格及会计软件的应用。同时，会计人员应不断创新，开拓出更加简便有效的记账方法。由于部分会计人员缺乏较强的竞争意识，所以丧失了学习的自主性，企业也应采取合适的方法督促会计人员不断加强自身的知识学习。在"互联网十"的经济背景下，高素质的会计人员也应具有开阔的国际视野和较强的英语能力。全球一体化和资本全球化使各国会计准则国际趋同成为必然，我国的会计准则正逐步与国际趋同。所以在掌握我国会计准则知识的基础上，也应适当了解当今国际准则。企业也应鼓励在职员工多接触了解新的知识，学习借鉴不同国家的会计处理方法。

第四章 "互联网+"背景下企业会计人才的培养

(二)加强会计人员专业技能的培训

学校是会计人才培养的重要地方,为社会输送高质量会计人才。加强会计的学历教育,使会计人员的学历水平和知识素养得到全面的提高。企业是会计人员工作及锻炼的重要场所,也是会计人员彰显自身能力的舞台。为了促进会计人员的进一步发展,企业可以鼓励会计人员进行深入培训,可以和高校进行合作,达到"双赢"的效果。

对企业的财务部门管理中,应该做到以下几方面。

第一,要强化会计人员的专业技能,企业应定期组织相关会计人员参加会计培训,对最新的法律法规进行学习,更新财务知识结构。

第二,财务部门内可以开展业务探讨和知识交流,整理在工作中遇到的问题和困难,探索新的工作方法,不断总结,提升工作效率。

对于会计从业人员来说,要加强对其的继续教育。为了适应市场经济新形式的发展,社会对会计从业人员的数量和质量要求越来越高。为了满足社会的多样化需求,会计人员应提升自我素质,从事后反映到事前预测、事中控制、事后核算,从财务型向管理型转变。对于已经工作多年具有丰富经验的会计人员来说,要想适应这些改变,掌握更多技能,参加会计人员继续教育是有效便捷的途径。

(三)强化职业道德培训和法治意识

优秀的会计人员不仅有卓越的专业技能,也要有良好的思想道德,并且具有正确的思想观、道德观、价值观。高校在培养会计人才的过程中注重思想道德建设,加强会计人员的道德素养。学校在日常的教育教学中将诚信、实事求是的观念传输给学生,开展相关的教育活动及专题讲座。企业应将职业道德教育作为一项长期的工作,有计划、有组织地进行,运用各种方法强化会计人员的职业道德观,抑制不良的工作作风。

对于法治观念的增强,企业还当建立严格的监管制度,对违法违纪行为进行严厉惩罚。企业财务部门可以组织会计人员定期学习国家财经法律法规,严格贯彻执行国家的方针政策。企业财务会计人员自身也应加强职业道德教育和法制观念,以财经纪律和相关法律法规严格要求自己的行为,保护国家、单位的利益不受侵害,对每笔资金进行公平、公正、公开的管理,在各部门之间对资金进行合理分配。

(四)加强会计人员参与决策管理的能力

信息技术的发展和会计软件广泛应用,使得作为会计基本职能之一的核算工作的工作量大大减小,而对会计人员参与企业决策则提出了更高的要求。为了符合决策的要求,会计人员尤其是高层会计人员应该具有如下几方面的能力。

第一,通过信息系统快速获取全面会计以及相关部门的信息的能力。

第二,有效地利用各种模块对初级信息进行再加工的能力。

第三,充分利用各种信息进行预决策分析的能力。

第四,发挥信息系统的优势进行监督、项目跟踪、项目评价的能力。

第五,运用专业知识发展创新决策模块、决策方法、决策工具的能力。

只有具备以上能力,高层会计人员才能充分发挥其专业优势,参与企业的经营管理,为企业出谋划策。

二、"互联网+"背景下高校会计教育的改革措施

(一)明确新时期的教育目标

随着市场经济的发展,资本市场的逐步完善,资本运作对于企业越来越重要,未来需要更多的管理会计人员。在共享经济的冲击下,传统的核算型会计面临着巨大的就业压力,向管理会计转型显得迫在眉睫。此时高校基础会计教育应该树立更加明确的目标,增加通识教育,扩展专业学习范围,打破专业界限,加强与其他专业的交融学习,致力于多元化的教育。

第四章 "互联网＋"背景下企业会计人才的培养

高校基础会计教育面临着新的挑战,唯有改革,才能改变高校基础会计教育的现状,才能适应新时期会计的发展需求,具体来说,应做到以下几方面(图 4-5)。

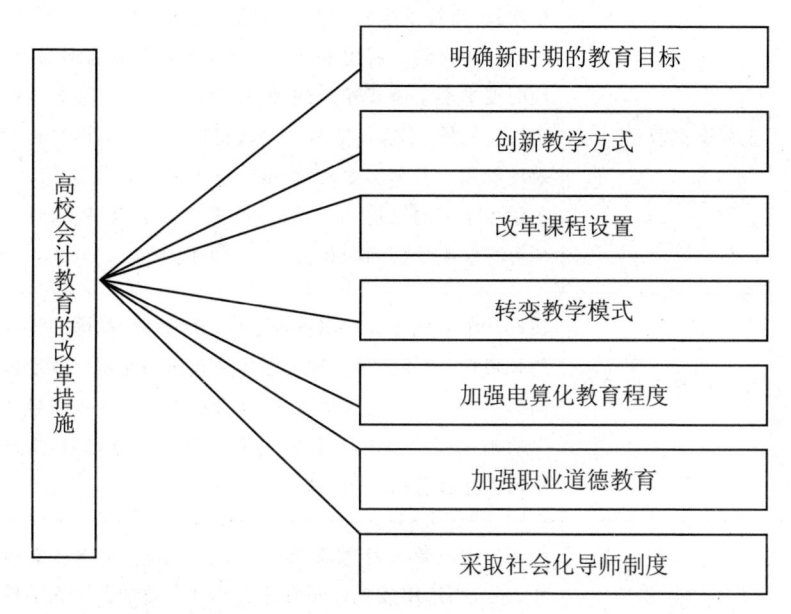

图 4-5 "互联网＋"背景下高校会计教育的改革措施

(二)创新教学方式

鉴于会计课程的特殊性,涉及大量的凭证和账本,实务操作必不可少。单纯的理论教学并不能够使学生直观地了解会计操作的具体步骤,实际的操作才能够有效地帮助学生了解会计专业知识的实质内容。高校的会计教育应当做到与时代背景相适应,不能落后于时代的发展。随着电算化的广泛普及,计算机与会计知识相结合的教学方式也应当在高校广泛应用。我们的教育应当向社会输送富有实践创新能力的高素质人才,具体来说,可以通过以下几种方式来完成(表 4-1)。

表 4-1　创新教学方式的途径

创新教学方式的途径	具体阐述
重视案例教学	重实践、重视学生实际能力的培养是由会计这一学科的性质所决定的。所用案例必须满足本次教学目的需要,同时要求学生做好相应的理论了解和资料查阅等准备工作。另外,多媒体的教学手段也使课堂时间能得到有效地利用。教学实践表明,以案例为主的教学模式调动了学生学习的兴趣和主动性,改进了教学效果,同时也培养了学生分析问题和解决问题的能力
通过互动式教学培养创新能力	在教学中应该充分利用各种手段,充分调动教师和学生的积极性,发挥教师主导与学生主动参与作用。改变传统的"一言堂"式的教学模式,教师在教学中注重引导学生明确每一章的学习目的,打开学生的学习思路,指导学习方法和分析解决问题的基本技能
充分利用会计实验室	应当努力改善会计教学条件,除了使用多媒体教学以外,还应当选用或自行开发适合会计专业的各类教学软件,并进行投融资决策、资产管理的计算机模拟教学,通过多种类型决策环境、决策条件的模拟应用,提高学生的创新能力
部分课程客座化	由于会计学科内容与现实联系紧密这一特点,教师只有随时掌握现实经济活动的发展变化,才有可能讲授好各门管理课程。然而,目前我国教师中普遍存在着有理论而缺乏实际经验的情况。对此,可以采用聘请实际部门的专家如企业财务部门或业务部门经理担任客座教师,某些课程中实务性较强的内容请这些专家讲授,使学生获得既现实具体又生动的会计专业知识

(三)改革课程设置

在课程体系的设置上,要针对会计学科特点和对人才的要求进行调整,并应当注意以下三点。

第一,优化课程设置,提高课程与教材的现实性。

第二,重视专业课程与相关课程的合理配置。

第三,改革培养方案与教学大纲。

(四)转变教学模式

对于高校教师来说,意识到教学模式的弊端并及时予以转变显得尤为重要。在课堂教学上,摒弃以往一味灌输的旧模式,更多地采取学生与老师双向交流的新途径,鼓励学生成为教学的主体,将成为教学模式改革的大方向。与此同时,学校也应当发挥其重要作用。学校肩负着教师队伍的组建工作,在教师队伍的选拔中必须严格把关,保证任课老师的专业素质过硬,具有全面的实践能力与创新能力。同时重视组织教师间的学术交流,加强老师之间的专业知识互补,不断提升教师队伍的专业能力和教学水平。

(五)加强电算化教育程度

在"互联网+"背景下,会计电算化普及程度已经相当广泛,企事业单位都已经在广泛使用财务软件,利用财务软件进行登记账簿,分类汇总,报表生成与导出等工作,使用财务软件极大地方便了企事业单位的财务工作人员,使得传统繁杂的会计工作变得相对简便,还节约了多项成本。高校应该加强会计电算化教育程度,多引进经济管理活动中的财务系统,增多电算化实验课程,大学生多接触财务系统,熟悉基础的系统操作,以便以后步入工作岗位后与工作顺利接轨。

(六)加强职业道德教育

会计职业道德教育是基础会计教育工作中非常重要的一部分,也是高校教育中最容易被忽视的一部分。近年来我国会计信息真实性受到的质疑越来越多,加强职业道德教育的呼声越来越高。高校作为培养基础会计人员的地方,更应该做好会计职业道德的教育工作。会计职业道德教育作为会计法律法规的补充,能让会计人员时刻提醒自己不能做假账,能让会计人员约束自己的行为,保证会计信息的真实性。

(七)采取社会化导师制度

在高校基础会计教育工作中,学校老师虽说大多都是博士生毕业,且教学经验丰富,理论知识功底丰厚,能够给会计学生传授专业的会计知识,让学生掌握扎实的理论。但会计作为一个传统的行业,实践经验是非常重要的,但是在校讲师大多都没有实践工作的经验,这就导致了理论教学和实践工作产生隔阂,不利于学生更深层次地掌握专业知识。高校可以采取导师社会化制度,具体可采用以下方法。

第一,学校可以联系自己本校在企业工作的优秀校友,鼓励其回到学校讲学,把最新的社会实践工作经验传授给学弟学妹们,让他们早日与真实的会计工作接轨。

第二,学校应该把年轻有为、教学经验丰富的教师派到与校方合作企业中去实践,积累真实的工作经验,把理论知识和实际工作很好地结合起来,形成自己的知识体系,再回到学校把知识传递给学生们。

三、"互联网+"背景下学校会计人才"工学结合"培养模式

(一)"互联网+"背景下学校会计人才"工学结合"培养模式的基本原则

"互联网+"背景下学校会计人才"工学结合"培养模式的基本原则如表4-2所示。

表4-2 学校会计人才"工学结合"培养模式的基本原则

基本原则	具体阐述
坚持"以就业为导向"的人才培养思路	在制定和实施人才培养方案时,要坚持本校的办学宗旨,主动适应相关行业会计发展对高技能人才的需要。要深入企事业单位开展研究,注意分析研究我国专业领域的发展趋势和专业人才的岗位需求

续表

基本原则	具体阐述
坚持"校企合作"的专业建设思路	要充分吸收行业、企业专家的意见和建议,使校企合作在人才培养起点上落到实处
坚持"工学结合"的人才培养模式	按学生从业的岗位(岗位群)或工作过程设置课程,加大对原有课程的整合力度,构建一批"教学做一体"的职业核心课程。确保职业技能鉴定工作的顺利开展,大力推行"双证书"毕业制度
坚持以学生发展为本的教育理念	要重视共性提高与个性发展,搭建学生可持续发展平台。处理好学生共性提高与个性发展的关系,不断丰富通识选修课(公共选修课)、专业选修课的类型,拓展学生自由选择、自主学习的空间
把立德树人作为根本任务	在制定和实施人才培养方案时,要加强素质教育,强化职业道德,把课外素质教育活动纳入人才培养方案之中,"立体培养"学生综合职业能力

(二)人才培养方案制定程序

1. 文件学习

学院制定人才培养方案原则意见,并组织各专业教学团队认真学习理解。

2. 人才培养方案初稿编制

安排专业带头人或专业负责人、骨干教师根据学院关于制定人才培养方案的原则意见和要求,通过广泛深入行业和企业调研(岗位和岗位典型工作任务),在广泛学习国家示范院校专业建设的基础上,编写专业人才培养方案的初稿。

3. 人才培养方案初稿评审

以专业教学团队为单位,组织有经验的教学人员、企事业单位一线行家对专业人才培养方案的初稿进行反复讨论,确认课程体系的合理性及可行性。

4. 人才培养方案论证修改

组织专业建设指导委员会对人才培养方案进行评审,写出评审意见。

5. 人才培养方案审定

教务处组织学院教学工作委员会进行审定。

6. 人才培养方案修订执行

根据评审的结果,综合各方面的意见,修订人才培养方案。人才培养方案经教务处初审,教学工作委员会审议,由分管教学院长签发执行。

第三节 "互联网＋"背景下会计人才向管理会计人才的转型

随着知识经济的发展,给会计工作和会计教育带来巨大的影响和冲击,一方面,会计行业的业务量越来越大,业务内容也不断更新,这就要求会计人员要有扎实的理论基础、较强的实践能力、良好的职业道德和不断创新的精神,才能适应新时期会计工作的要求。另一方面,国际化进程越来越快,会计人员应该加强国际会计准则的学习,熟悉国际会计理论和国际贸易准则,力争成为能走出去的人才。加之互联网对传统会计的冲击,新时期的经济管理活动对会计人员的适应性、灵活性、知识更新上提出了更高的要求。"互联网＋"背景下实现会计人才向管理会计人才的转型迫在眉睫。

第四章 "互联网+"背景下企业会计人才的培养

一、管理会计人才缺乏的原因分析

管理会计人才缺乏的原因主要包括以下几方面(图 4-6)。

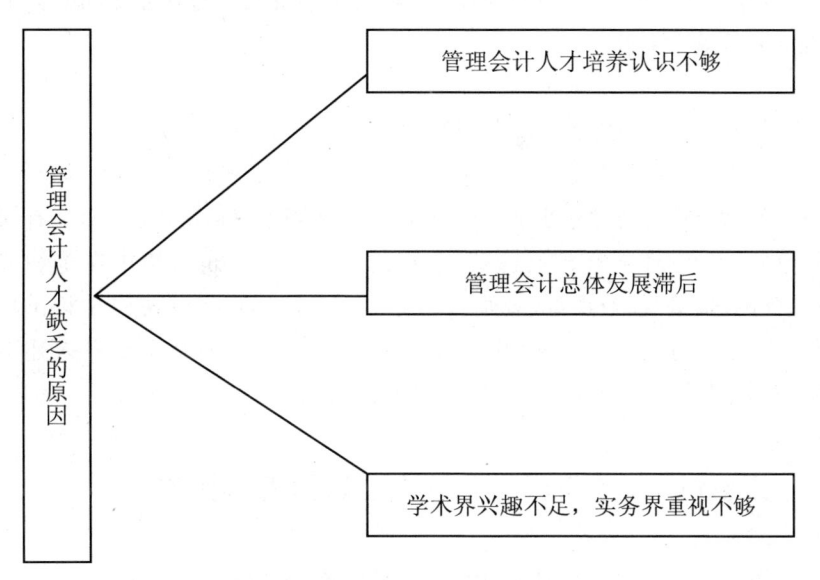

```
管理会计人才缺乏的原因 ──┬── 管理会计人才培养认识不够
                        ├── 管理会计总体发展滞后
                        └── 学术界兴趣不足,实务界重视不够
```

图 4-6 管理会计人才缺乏的原因

(一)管理会计人才培养认识不够

尽管国家一直倡导在"互联网+"背景下对管理会计人才的培养,却依旧有部分高校与企业,并没有形成对管理会计人才培养的正确认识。对此,经济院校应引起足够的重视。我国的管理会计应定位在建立社会主义市场经济、促进现代企业制度发展、密切结合中国企业的实际情况、便于广大会计人员和管理人员操作运用之上,使得管理会计在企业中发挥出它自身应有的作用。

(二)管理会计总体发展滞后

导致这方面问题的原因主要包括以下几方面。

第一,社会制度与管理体制的特殊性。

第二,未形成规范、健全的管理会计基本理论体系。

我国目前处于对西方理论的引进、介绍阶段,而西方国家对管理会计的理论研究并不注重体系的研究。由此看来我们重复别人多,自主创新少,专题研究多,理论体系研究少,因而使得我们在管理会计的研究上难以取得重大突破。

(三)学术界兴趣不足,实务界重视不够

作为会计分支之一的财务会计在我国受到了普遍的重视,而具有同等重要性的管理会计却被冷落,仅有的一部分研究也是集中在本利分析、预测、决策、绩效评价、激励机制等方面。同样重要的两门学科出现如此不公平待遇的原因是多方面的,其中尤其关键的是学术界兴趣不足,实务界重视不够。对此,相关人员应该加以充分重视。

二、会计人才向管理会计人才转型的必要性

会计人才向管理会计人才转型的必要性包括以下几方面(表4-3)。

表4-3 会计人才向管理会计人才转型的必要性

会计人才向管理会计人才转型的必要性	具体阐述
管理会计可以减少决策的盲目性,降低企业经营风险	管理会计通过对企业战略、财务状况和市场环境的预测和判断,对投资等活动进行严格的数据论证,帮助企业科学决策,防止决策的随意性和片面性,用管理会计的数据分析方法向管理层提供最优方案的建议,大大降低了管理决策失误的概率
管理会计可以为企业提供能够产生效益的方案	项目的正确投资、资金的有效利用,是企业获得效益的前提保障。如果企业无法在项目选择上做出正确决策,甚至将大量资金闲置存放在银行,这对企业而言是在减少效益。管理会计可以利用财务会计信息,提前对市场和项目做出预测,为企业创造更大价值

第四章 "互联网＋"背景下企业会计人才的培养

续表

会计人才向管理会计人才转型的必要性	具体阐述
管理会计能够为企业创造更大的价值	管理会计的本质是能够为企业创造价值，不仅在理论层面上要加强对管理会计的深入研究，在实践中更要让管理会计发挥其决策有用性为企业创造实际价值。这就需要人们了解管理会计工具和方法，并将方法付诸实践，让管理者想用、好用，并真正为企业价值决策提供成功案例，让管理会计逐步渗入企业经营管理各个环节，让所有员工在管理会计工作上受益

通过上述分析可知，随着"互联网＋"的不断发展，企业会计人员的转型迫在眉睫。会计人员需要不断强化管理理念，从传统的会计人员快速向管理会计及战略会计转型，进而提升财务管理效率和财务价值创造能力，实现财务管理现代化，助力企业转型升级。"互联网＋"背景下会计人才向管理会计人才转型的措施包括以下几方面。

第一，加强会计人员对管理会计应用的认识。

第二，会计人员转型需要具备的知识和能力包括会计通用知识和能力、财务知识、对企业深入的认识、数据意识和批判性思维、前瞻性的战略思维等，需要加强培养具有上述能力的复合型管理会计人才。

第三，创新高校管理会计人才培养模式。例如，高校要注意增加有关管理会计的教学内容，要多开设一些与管理相关的课程；加强案例教学在管理会计教学中的应用等。

第五章 "互联网+"背景下企业财务会计及其管理优化研究

随着现代社会的发展及科技的进步,全球竞争已经到了白热化的阶段,在这种背景下,国内企业被卷入了这种激烈的你争我赶态势之中,在发展目标、管理水平、人才培养等方面展开了激烈的竞争。想要在竞争中脱颖而出,切实提升财务管理水平,企业必须在"互联网+"背景下采取各种措施去改进当前的财务管理体制机制,使旧的财务管理体制焕发出新的活力。企业提升财务管理水平的关键在于提高资金的使用效益,节约成本,加强预算管理与成本控制。

第一节 预算管理

一、全面预算的作用

全面预算是企业总体规划的具体化和数量化,它的作用主要体现在以下四个方面(表5-1)。

表 5-1 全面预算的作用

全面预算的作用	具体阐述
明确工作目标	全面预算是经营目标的具体化,规定了企业一定时期的总目标以及各部门的分目标。编制全面预算是适应目标管理的需要,有助于企业内部各部门职工了解本企业、本部门、本人在实现整体经营目标的过程中的地位、作用和责任,促使他们明确各自的职责及努力方向,想办法完成自己的责任目标,从而达成企业的总目标
控制日常活动	全面预算是控制企业日常经济活动的主要依据,可以通过实际成果与预算目标的对比,及时揭露实际脱离预算的差异数,并分析产生差异的原因,以便消除薄弱环节,采取有效措施,挖掘潜力,巩固成绩,纠正缺点,保证预定目标的完成,如日常生产车间零用材料限额领料单中的限额,可以参考预算中的具体项目来制定
协调部门工作	企业是由各个职能部门有机联系在一起组成的,只有企业各个部门在生产经营活动中密切配合,相互协调,统筹兼顾,全面安排,综合平衡,才有可能实现企业的既定目标。比如,在以销定产的经营方针下,生产预算应当以销售预算为依据,直接材料预算又必须与生产预算相衔接,这样才能保证采购部门、生产部门、销售部门之间的供产销平衡,避免出现停工待料、产品积压的现象
业绩评价考核	全面预算确定了各项指标,也是评价企业生产经营多个方面工作成果的基本尺度,可以评定各部门、各职工工作业绩的好坏。任何一个企业都必须定期通过业绩报告对各部门的工作进行考核,以便确定各部门的工作成绩,找出差距,制定相关的措施,提高工作质量。如产品成本中的材料成本,其实际成本与预算产生偏差有两个原因:一是实际采购成本脱离了计划采购成本;二是生产中的浪费或者节约。通过对材料成本差异的计算和分析,可以明确是采购部门的责任还是生产部门的责任,掌握这些情况,对于改进预算期工作和指导下期预算的编制都是有利的

二、预算编制的主要方法

全面预算编制的方法主要包括以下几种(图 5-1)。

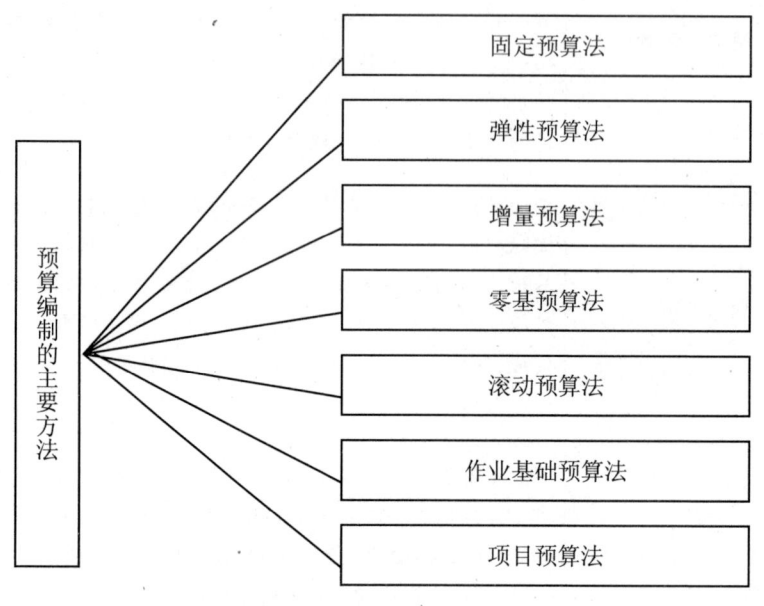

图 5-1 预算编制的主要方法

(一)固定预算法

固定预算法是指根据计划期内某一确定的业务量水平为基础计算各项预计指标的预算编制方法。固定预算法是按照预算期内可能实现的经营活动水平确定相应的固定预算数来编制预算的方法。它是最传统的,也是最基本的预算编制方法。

(二)弹性预算法

弹性预算方法简称弹性预算,又称为变动预算或滑动预算,是指为克服固定预算方法的缺点而设计的,以业务量、成本和利润之间的依存关系为依据,以预算期可预见的各种业务量水平为基础,编制能够适应多种情况预算的一种方法。

弹性预算是按预算内某个相关的范围内的可预见的多种业务活动水平确定不同的预算额。由于未来业务量的变动会影响成本、费用、利润等各个方面,因此,弹性预算方法从理论上讲适用于编制全面预算中所有与业务量有关的各种预算。在实务中,由于收入、利润可按概率的方法进行风险分析预算,直接材料、直接人工可按标准成本制度进行标准预算,只有制造费用、销售费用和管理费用等间接费用应用弹性预算方法的频率较高,以至于有人将弹性预算方法误认为只是编制费用预算的一种方法。

弹性预算的编制程序如下。

第一,确定某个相关的范围,预期在未来期间内业务活动水平将在这个"相关的范围内变动"。

第二,选择经营活动水平的计量标准,如产量单位、直接人工小时和机器小时等。

第三,根据成本与计量标准之间的依存关系将企业的成本分为固定成本、变动成本和混合成本三大类。

第四,按成本函数($y=a+bx$)将混合成本分解为固定成本和变动成本。

第五,确定预算期内各业务活动水平。

第六,可利用多栏式的表格分别编制对应于不同经营活动水平的预算。

(三)增量预算法

增量预算方法又称为调整预算方法,是指以基期成本费用水平为基础,结合预算期业务量水平及有关影响成本因素的未来变动情况,通过调整有关原有费用项目而编制预算的一种方法。增量预算有如下特点。

第一,资金被分配给各部门或单位,然后这些部门或单位再将资金分配给相应的活动或任务。

第二,增量预算基本上都是从前一期的预算推演出来的,每一个预算期间开始时,都采用上一期的预算作为参考点,而且只有那些要求增加预算的申请才会得到审查。然而,这两个特征使得增量预算往往缺乏针对性。

(四)零基预算法

零基预算法是指在编制成本费用预算时,不考虑以往会计期间所发生的费用项目或费用数额,而是将所有的预算支出均以零为出发点,一切从实际需要与可能出发,逐项审议预算期内各项费用的内容及开支标准是否合理,在综合平衡的基础上编制费用预算的一种方法。

零基预算方法是由美国德州仪器公司彼得·派尔(P. Phyrr)在20世纪70年代提出来的,现已被西方国家广泛采用,作为管理间接费用的一种新的有效方法,是为克服增量预算方法的不足而设计的。零基预算法特别适用于产出较难辨认的服务性部门费用预算的编制。

(五)滚动预算法

滚动预算法又称为连续预算或永续预算,是指按照"近细远粗"的原则,根据上一期的预算完成情况,调整和具体编制下一期预算,并将编制预算的时期逐期连续滚动向前推移,使预算总是保持一定的时间幅度。滚动预算具有透明度高、灵活性强、连续性突出的特点。

在编制滚动预算的过程中,企业应该根据市场和企业内部变化的情况,对预算进行及时调整。滚动预算一般用于年度预算和长期预算的编制。用滚动预算法编制年度预算可按月或季编制。如按季编制时,应先按年度分季,并将其中第一季度按月划分,确定各月的明细预算数,以便控制和监督预算的执行情况,后面三个季度只需列出各季的总数,在第一个季度结束时,再将第二季度按月列出明细预算数,第三、第四季度以及增列的下一年的第一季度,只需列出各季总数。如此类推,企业任何时候都可以了解一年的预算情况。滚动预算可以保持预算的连续性与完整性。

(六)作业基础预算法

作业基础预算法是利用作业成本法原理来编制预算,它关注于作业而不是产品或部门。根据作业成本法原理,企业可以根据不同作业类型划分若干作业成本库,这样每个作业成本库都是由同质成本构成。因为每项作业都有其相应的成本动因,所以不同作业成本都随着各自的成本动因量的上升或下降而成比例变化。企业可以将固定成本划分到同一作业成本库，不同类型的变动成本被划分到不同的作业成本库中。每次在编制全面预算时，企业都要对不同作业成本库划分的准确性做出评价。作业成本法理清了资源与作业之间的关系后，管理者就可以通过预测供应、设计、客户服务等不同作业变化对资源需求的影响，持续改善其预算编制的精确性。

（七）项目预算法

当某个项目完全独立于公司的其他要素或是该公司的唯一要素时，我们就会用到项目预算法。在编制项目预算时，过去相似的成本项目预算就可以作为标杆。项目预算的编制同全面预算一样，利用相同的技术并包含相同的组成要素，不同之处在于项目预算只关注与项目相关的成本，而全面预算关注整个公司的成本。间接费用预算被简化了，因为公司将一部分固定和变动间接费用分配到了项目中，剩余的间接费用不再在项目预算中考虑。

项目预算法的优点在于它能够包含所有与项目有关的成本，因此能够很容易地计量单个项目的影响。无论项目规模的大小，项目预算都能很好地发挥作用。在处理比较小的项目时，许多个人及公司利用项目管理软件程序（Microsoft Project）之类的程序编制预算。当某些项目利用了与整个组织有关而不仅仅是与特定项目有关的资源和人力的时候，项目预算法潜在的局限性就会显现出来，在这种情况下，项目预算与这些资源中心相关并且受影响的个体将会拥有两个上级。这时就要注意成本的划分与职权结构。

三、企业预算管理的模式

确定预算的编制模式是任何预算编制机构首先应当解决的问题。由于不同的企业面临的市场环境不同，行业竞争激烈程度不同，产品的生命周期不同，同时，企业的规模与组织也不同，所以，不同的企业预算编制的模式也会有所不同。概括来说，企业预算管理的模式主要包括以下几种（表5-2）。

表 5-2 企业预算管理的主要模式

企业预算管理的主要模式	具体阐述
以目标利润预算为核心的预算管理模式	企业以目标利润预算为核心的全面预算管理,是以目标利润为出发点,将某一期间为实现目标利润所需配置的经济资源及各项耗费,以货币量单位的预算形式表示出的企业及各部门的综合行动计划
以销售预算为核心的预算管理模式	以销售预算为核心构建预算是一般管理会计教科书中介绍的预算体系。采用以销售预算为核心进行预算的编制,要求企业管理以营销管理为中心
以现金流量预算为核心的预算管理模式	以现金流量预算为核心预算编制就是主要依据企业现金流量预算进行预算管理的一种模式。按照预算的隶属关系,预算可以分为总预算和专门预算。现金流量是这一预算管理方式的起点和关键

在"互联网+"经济发展背景下,企业的发展日趋成熟,随着企业规模的不断增大,企业下财务管理与会计处理手段与方法上也日益精细和复杂,如果企业一味地采取传统意义上的非现金流量预算方法则无法满足其发展的需要。

以现金流量预算为核心预算编制,更多的意义是从财务管理的角度出发;以销售、利润以及成本等为核心预算编制,则是从企业管理角度而非单纯的财务管理角度出发,具有较强的管理导向性。但是,这些方式同以现金流量为核心的预算编制方式之间具有很强的功能上的互补性和模式上的兼容性。

四、"互联网+"背景下企业预算管理的运行体系

在"互联网+"背景下,企业预算管理的运行体系如下。

(一)预算目标的分解

在"互联网+"背景下,企业整体预算目标确定后,为便于执行、控

第五章 "互联网十"背景下企业财务会计及其管理优化研究

制、考评和监督,还需要采用科学的方法,分解、落实到企业各级责任单位和个人。几种预算目标分解的方式各有利弊,在实践中可以结合运用。

(二)预算的具体编制

在"互联网十"背景下,全面预算的编制应按先业务预算、专门决策预算,后财务预算的流程进行(表5-3),并按各预算执行单位所呈现经济业务的类型及其责任权限编制不同形式的预算。

表5-3　预算的具体编制流程

预算的具体编制流程	具体阐述
业务预算	业务预算反映企业在计划期间日常发生的各种具有实质性的基本活动情况,包括销售预算、生产预算、采购预算、直接人工预算、制造费用预算、产品成本预算、营业成本预算与营业与管理费用等
专门决策预算	专门决策预算包括资本预算和筹资预算。资本预算主要包括固定资产投资预算、权益性资本投资预算和债券投资预算。筹资预算主要依据企业有关资金需求决策资料、发行债券审批文件、期初备款余额及利率等编制
财务预算	财务预算围绕企业的战略要求和发展规划,以经营预算、资本预算为基础,以经营利润为目标,以现金流为核心进行编制,并主要以现金预算、预计资产负债表和预计利润表等财务报表形式予以充分反映。财务预算是全面预算体系的最后环节,可以从价值方面总括地反映经营预算和专门决策预算的结果。财务预算具体包括现金预算、预计利润表和预计资产负债表

(三)预算执行

预算执行即预算的具体实施,它是企业预算目标实现与否的关键。

预算执行前的准备工作包括预算审查、预算分解与下达、预算讲解几个步骤。

(四)预算控制

预算控制是指依照已经制订好的行动计划或标准,对业绩进行监督和评价,其根本意图在于在不利形势造成巨大损失之前迅速采取补救行动。

(五)预算调整

预算调整是指当企业内外部经济环境或自然条件发生变化,企业原先制订的预算已不再合适时对预算进行的修改。预算调整有狭义和广义之分。这里仅针对狭义的预算,即企业年度预算的调整问题进行分析,主要是解决年度预算中的预算调整程序,包括预算调整时间的选择、预算调整申请、预算调整审批权限的规定及程序等。

(六)预算激励

预算管理中的激励问题就是预算管理中的奖惩问题。奖惩制度是奖励制度与惩罚制度的统称,在预算管理中就是预算激励机制和约束机制的具体落实,是预算考核的有机组成部分。在我国企业预算管理实务中,预算的考评激励作用并没有得到充分的发挥,从而严重影响了预算管理的效果,急需加以改变。

(七)预算管理的管理方法保障

预算管理不是一个孤立的管理体系,在"互联网+"背景下,它必须不断借鉴和融合其他现代管理手段和管理思想,才能有效地发挥预算管理的作用,适应环境发展的需要。预算管理需要借助的管理方法如下。

1. 价值链

价值链(value chain)的概念是美国企业竞争战略专家、哈佛大学商

第五章 "互联网＋"背景下企业财务会计及其管理优化研究

学院教授迈克尔·波特(Michael E. Porter)在20世纪80年代提出的。波特认为,公司通过完成一系列作业而产生价值。价值链是开发、生产、营销和向顾客交付产品与劳务所必需的一系列作业的价值。价值链分析对企业的决策与管理具有重要意义。

2. 及时制生产

及时制生产(just in time,简称JIT)是日本丰田汽车公司创立的一种独具特色的现代化生产方式。它顺应时代的发展,成为今天这样包括经营理念、生产组织、物流控制、质量管理、成本控制、库存管理、现场管理和现场改善等在内的较为完整的生产管理技术与方法体系。

企业成功应用JIT的核心原则,可以概括为四点,即消除浪费、员工参与决策、供应商参与、全面质量管理。JIT是一种需求拉动型系统。JIT生产系统的目标是通过这样一种方式消除浪费,即:仅当顾客需要时才生产其所需要数量的产品。需求拉动者产品经过制造过程,各项操作仅生产满足下一项操作所必需的原料或部件,直到下一道工序发出信号时,前一道工序才开始生产。部件和原材料都在生产使用的时刻及时送达。

在生产流程的安排上,要保证从原材料到成品的整个过程畅通无阻,不出现瓶颈现象,这样,不仅可以满足顾客需求,提高顾客服务水平,而且可以实现低水平的库存,降低成本。

3. 实施企业资源计划

实施企业资源计划对全面预算管理具有重要影响,主要包括以下几方面。

第一,可以加强成本控制功能。

第二,有助于实现企业的战略。

第三,有利于促进企业预算管理系统的创新。

第四,实施企业资源计划是全面预算管理信息化的一个发展方向。

(八)"互联网＋"背景下企业预算体系的优化建议

1. 完善预算管理组织机构设置

对于企业来说,"互联网＋"背景最重要的意义就是将数据真正地应用起来。首先,对大部分企业来说,其内部已经有大量的数据资源,这些数据存在于各个部门各个环节,这就需要企业建立统一的数据管理中心。很多公司在对预算流程的管理上有所欠缺,在对大数据相关技术的研究与应用上也仍然处于初步水平,因此,基于"互联网＋"的预算流程框架的建立仍然存在诸多问题,因此,企业应根据自身的特点与具体情况,需要进一步完善预算管理的基础配套设施。与此同时,企业进一步优化预算流程的框架也意味着需要加强和提高企业全面预算管理的专业技术水平,借助互联网来构建一个关于企业全面预算管理的框架,这就需要从传统的信息技术角度出发,建立一个属于自己的企业门户网站,针对其网页的布局方式进行优化和加固,提高企业的合理性,有效地规范和降低信息的风险。

2. 更新预算编制的方法

加强企业预算工作的事前分析,需要通过对企业全年的经营情况进行计划,以确定企业全年的预算编制目标,将其实现目标利润所需要的资金、最终可能获得的利润以及未来需要发生的费用、成本等紧密地联系到一起,以便于对企业全年的经营活动进行事前计划与控制。同时,建立大数据平台,实行动态的预算管理模式,利用大数据将业务数据上传至云端,进而完成预算的事前分析,提高预算管理的科学性与及时性。

3. 建立基于云会计的预算执行与控制体系

在"互联网＋"背景下,企业预算审批流程的规范可以从预算执行以及预算调整两方面入手。

(1)在年度预算的执行方面

企业在年度预算的执行上,通过云端的会计技术使得预算和审批工作流程更加规范化,同时将预算内容细化,细化后的责任分配给具体的部门,再由部门进一步细化,分配给指定的个人,在任务分配结束后,个人开始具体预算目标的执行工作,在预算执行的过程中,一旦出现违规操作或者偏离预算目标的行为,云系统就会及时发出警告,在进行实时监控的同时应注意预算执行的规范性。

(2)在预算调整方面

在预算调整方面,企业的预算数据并不是固定不变的,在日常的经营活动中,预算数据会根据市场环境的变化,企业战略目标的调整而有一些变动,企业在云会计系统的协助下及时获取预算执行中的反馈信息,依据具体情况及时进行调整,以确保预算目标能够顺利实现。

五、"互联网+"环境下企业全面预算管理的优化

在"互联网+"环境下,可以从制度和技术两方面对企业的全面预算管理进行优化。

(一)制度方面

首先,良好的全面预算控制必须建立在产权明晰、权责明确、政企分开、管理科学、公司治理结构规范的现代企业制度基础上。企业实施预算管理时,企业治理结构等内部环境对预算的成败有很大影响。因此,有必要不断创造和优化有利于预算管理和控制的环境。预算的编制是根据公司战略和中长期规划,为企业各业务部门设定目标,将公司目标分解为内部部门和业务单元的目标,使短期目标与长期目标一致,协调沟通,形成业务共识。在定期制定、审查和调整预算的过程中,各单位的决策需要规范性的制度约束。

其次,制度和机制的完善离不开企业"整体思维"和"系统思维"的深入构建。一个好的管理者应该给每个部门或个人一定程度的成长空间。要在整个集团内营造良好的氛围,使各部门根据战略任务制定竞争目标,优化组织内人员素质,推动各部门的业务和组织活动,为企业的附加值服务。

再次,做好预算评估工作。只有企业对经营业绩结果进行及时评估,各环节的执行者才能得到适当的反馈和激励,整体决策者才有明确的调控方向。奖惩机制是这种信息沟通管理不可或缺的组成部分。企业应建立严格的预算执行考核奖惩制度,坚持公开、公平、透明的原则,切实做到奖惩明确,有效激励员工,促进企业全面预算管理目标的实现。

最后，在建立全面预算管理体系的过程中，应遵循一定的原则。具体而言，主要包括以下几个方面。

第一，要根据公共战略编制预算，明确公司战略，通过自上而下和自下而上相结合的方式，协调各部门，明确职责分工，设计具体的业务计划。

第二，预算与成本控制相结合进行设计，并利用会计信息系统分析资金在哪里使用以及为什么需要使用这些资金来实现更有效的成本控制，从而将获得的准确成本信息用于预算编制，提高预算编制的准确性和效率。

第三，设计灵活的预算，市场需求正在迅速变化。要动态监测和调整资本市场的变化，及时分析和整理。

（二）技术方面

目前，企业正处于大数据和移动互联网时代。随着经济业务的日益复杂，一个完整、高效的预算管理和控制系统离不开科学技术的支持。要依靠大数据的智能化，提高企业的业务数据处理效率，使全面预算管理更加灵活高效。

从预算编制到评估的整个业务处理系统应依托现代计算机、信息处理和数据分析技术，以会计信息系统数据为基础，结合其他管理系统数据，建立适合企业的信息处理系统，并通过各种信息系统的集成来提高数据处理能力。同时，要检查和平衡信息系统的环境，避免可能的欺诈风险，真正消除系统中的信息不对称。

此外，还应合理应用该理论和技术。在全面预算管理过程中，可以采用平衡计分卡进行绩效评价，创新以经济增加值为核心的全面预算管控体系，使理论与实践相结合。

总的来说，要提高现代公司治理水平，需要构建和优化全面预算管理体系，结合大数据和云会计技术发展，设计高效、科学的全面预算管理平台，将全面预算管理与企业战略和绩效管理深度结合，提高员工素质，提高治理水平，促进企业核心竞争力建设。

第二节 成本控制

一、企业成本的内涵

一般来讲,企业成本指的是某个企业为了筹集或者是使用资金所必须付出的代价,也可以指企业为了获得投资收益而付出的机会成本。企业成本是由资金筹集费、资金使用费两个组成部分构成的。

(一)资金筹集费

资金筹集费是指企业在进行筹集资金的过程中所产生的各项费用的开支,且与企业筹集资金的数量、筹集资金的次数等直接相关。通常情况下,这种费用是需要一次性付清的,如企业发行债券的费用或企业向金融机构融资的过程中,都需要支付一定的资金,这部分资金就称之为资金筹集费。

(二)资金使用费

资金使用费是指企业在使用筹集到的资金的过程中所需要支付的那部分资金。企业资本使用费一般是按期发生的,其支付数额的多少不但与资金数额的多少相关,还和资金占用期限的长短有十分密切的联系。如企业需要支付给银行的借款利息,企业从银行借款的数额越大,需要支付给银行的利息就越大。同样,企业从银行借款的期限越长,企业最终需要支付给银行的利息就会越多。

二、企业成本的分类

根据具体项目和内容的不同,企业成本可以划分为以下几种(表5-4)。

表 5-4　企业成本的分类

企业成本的分类	具体阐述
个别企业成本	个别企业成本是企业在筹资过程中,使用单种筹资的方式进行的。这种个别企业成本一般可以用来比较和评价各种筹资方式的优点与不足,从而帮助企业的管理者或经营者做出最有利于企业发展的决策
边际企业成本	边际企业成本指的是企业每增加一个单位的资金量而必须多付出的那部分成本。企业的财务工作者在对边际企业成本进行计算的时候,一般采用的计算方法为加权平均法。通过加权平均法,可以计算出企业追加筹集资金的数量时,所必须付出的那部分加权平均成本。在计算边际企业成本的时候,筹资突破点也是不能忽视的一个重要的计算指标。[①] 筹资突破点指的是企业在保持某一个特定的企业成本率的前提下,所能筹集到的资金的总额度。当企业的筹资突破点在企业的边际企业成本的成本点的范围的时候,企业原来的企业成本率不会发生任何改变;当企业筹资突破点突破了企业的边际企业成本的成本点范围的时候,即使该企业维持其现有的资本结构,其企业成本也会增加,在一定程度上可能会降低企业的收益期望值,最终不利于企业的长远发展
综合企业成本	综合企业成本指的是通过加权的计算方式来计算企业筹集到的所有资金的平均成本。综合企业成本反映出的就是企业成本的整体水平的情况。综合企业成本的计算方式主要分为三大步骤。 第一,计算出企业筹集到的个别企业成本。 第二,通过加权的方式来计算企业各种资金的权数。 第三,通过各种资金权数的计算来确定企业的综合企业成本

---

① 焦永梅,张慧芳. 财务管理[M]. 郑州:黄河水利出版社,2017.

三、企业成本的意义

企业成本的存在对企业的生产经营有着十分重要的意义,主要体现在以下三个方面(图 5-2)。

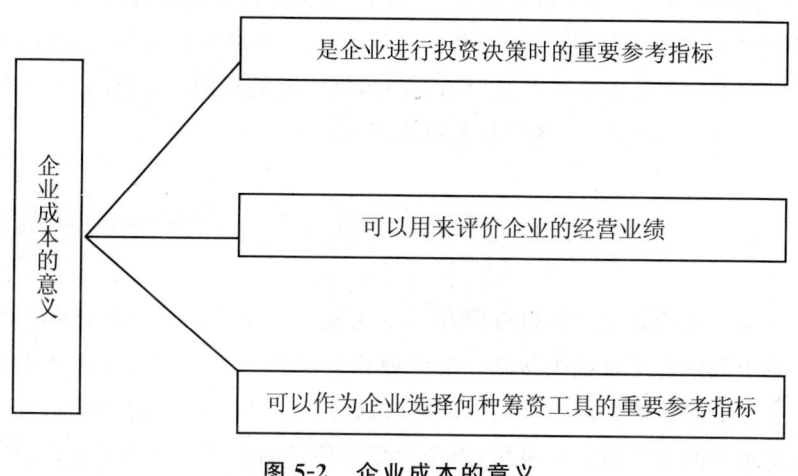

图 5-2 企业成本的意义

企业成本的意义:
- 是企业进行投资决策时的重要参考指标
- 可以用来评价企业的经营业绩
- 可以作为企业选择何种筹资工具的重要参考指标

(一)是企业进行投资决策时的重要参考指标

企业在进行项目投资决策的时候,往往要计算内涵收益率等指标,而这种指标的计算方式是以企业成本作为折现率来进行计算的。所以,企业在做出是否投资决策的时候,需要考虑预期收益与实际收益之间的比例关系,而实际收益的计算过程中也必须把企业筹集资金的费用和企业使用资金的费用包含在内。只有当预期收益高于企业筹集资金的费用和使用资金所产生的费用的时候,企业才会有盈利的可能,企业的经营者或者是管理者才会做出投资的决定。因此,企业有时候也会把资金的成本看成是企业是否进行投资的一种最低要求的评价指标,也是确定企业经营项目方向的最低要求。[①]

---

① 焦永梅,张慧芳.财务管理[M].郑州:黄河水利出版社,2017.

(二)可以用来评价企业的经营业绩

企业成本也可以帮助企业的经营者或管理者通过各种手段来发掘企业资金的使用潜力,节省企业资金的资本使用费,在提高企业资金利用率的前提下,提高企业的收益。同时,在发掘企业资金的使用潜力的过程中,企业的经营者或管理者也可以发现一些高收益的经营业务,也可以为确定企业未来经营发展的方向提供一定的帮助,从而使企业更好地适应市场的潮流,最终提升企业的市场占有率。[1]

(三)可以作为企业选择何种筹资工具的重要参考指标

企业筹集企业成本也可以在一定程度上为企业的经营者选择何种筹资工具进行筹资提供帮助。当企业投资项目的未来收益大于或者是等于企业筹集资金所承担的费用的时候,这种筹集资金的过程中所使用的筹资工具才会被企业采用;当企业投资项目的未来收益小于企业筹集资金所承担的费用的时候,这种筹集资金的过程中所使用的筹资工具就不会被企业采用。此外,如果企业想了解增加企业集资额所花费的代价时,可以通过计算企业成本率这种方式,也就是通过增加资金的综合企业成本来做出决定。

四、企业成本的计算

下面仅对个别企业成本的计算、边际企业成本的计算以及加权平均企业成本的计算进行简要阐述。

(一)个别企业成本的计算

个别企业成本主要包括优先股企业成本、普通股企业成本、长期借

---

[1] 于广敏. 企业财务管理与资本运营研究[M]. 长春:东北师范大学出版社,2016.

款资金成本、长期债券企业成本及留存收益成本(图 5-3)。

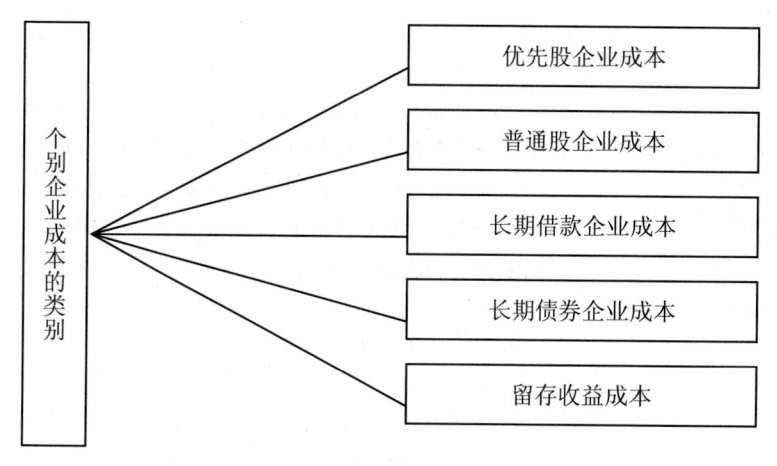

图 5-3 个别企业成本的类别

个别企业成本的类别：
- 优先股企业成本
- 普通股企业成本
- 长期借款企业成本
- 长期债券企业成本
- 留存收益成本

1. 优先股企业成本的计算

优先股企业成本指的是企业以优先股的方式在筹集资金的过程中所需要支付的各项费用。这些费用主要包括优先股股利和发行优先股股票时的发行费用等。其计算公式可以表示为：优先股每年的股利/优先股筹资总额(1－优先股筹资费用率)。

2. 普通股企业成本的计算

(1)普通股企业成本计算方法的模型

普通股企业成本是指企业在发行普通股票的时候所产生的各种费用和支付给股东的股利等。普通股企业成本中支付给股东股利的情况比较复杂，因此其企业成本的计算方法相对也就比较复杂。在现行的股票市场中，通行的四种普通股企业成本计算方法分别为：固定股利模型法、资本资产定价模型法、固定增长股利模型法及债券风险溢价模型法(表 5-5)。

表 5-5　通行的四种普通股企业成本计算方法

通行的四种普通股企业成本计算方法	具体阐述
固定股利模型法	固定股利模型法指的是股份公司采取的是固定股利政策,因此其公司每股股票每年都可以得到数额相等的股利。在这种情形中,普通股企业成本的计算方法和优先股企业成本计算方法是一样的
资本资产定价模型法	资本资产定价模型法指的是将股东预期的投资收益率作为企业的企业成本。这种情况就说明了同一个事物对不同的对象来说有着不同的影响。股利对于企业的股东来说是投资所获得的收益,而对于企业来说,股利是企业的企业成本。资本资产定价模型法的计算方法为:普通股企业成本＝股票的预期投资收益率＝无风险报酬率＋某种股票风险程度的指标(股票市场平均的必要报酬率－无风险报酬率)
固定增长股利模型法	固定增长股利模型法指的是股份公司采取的不是固定股利政策,因此其公司每股股票每年的股利都会按照一定的比率增长。在这种情形下,普通股资金成本的计算方式可以表示为: 普通股企业成本＝［预期第一年的股利/普通股市价(1－普通股筹资费率)］＋普通股利年增长率
债券风险溢价模型法	债券风险溢价模型法指的是股票的收益风险比债券的收益风险更大,并且企业采取股票进行筹资的话,需要支付比债券筹资更大的代价。所以,股票资金成本可以用债券企业成本加上一定的风险溢价率来进行表示。根据以往的历史经验,风险溢价率通常在 3%～5%之间

(2)普通股企业成本的计算

一般情况下,普通股企业成本也称为股利折现法。其计算公式可以表示为:

第五章 "互联网+"背景下企业财务会计及其管理优化研究

普通股企业成本＝预期第一年普通股股利/筹资总额(1－筹资费率)
＋股利固定增长率

需要注意的是,普通股企业成本的计算前提是假设该企业有一个比较稳定的、并且会逐年增长的股份分配。因为普通股的股利分配是依据投资公司的经营效益的情况而决定的,所以其股利的分配存在着较大的不确定性和波动性,普通股企业成本计算的只是一个期望的估计的数目。

另一种情况是,资本资产定价的计算方法。其计算公式可以表示为：

$$K_c = R_f + \beta(R_m - R_f)$$

其中,R_f代表的是无风险报酬率,R_m代表的是市场报酬率,β代表的是第i种股票的贝塔系数。

3. 长期借款企业成本的计算

长期借款企业成本的计算方法可以用长期借款年利息×(1－所得税率)/长期借款总额(1－长期借款的筹资费用率)表示。

4. 长期债券企业成本的计算

长期债券企业成本的计算方法可以分为债券等价发行的计算方法和债券溢价或者是折价发行的计算方法(表5-6)。

表5-6 长期债券企业成本的计算方法

长期债券企业成本的计算方法	具体阐述
债券等价发行的计算方法	在债券等价发行的条件下,长期债券企业成本的计算公式为： $P(1-f) - \sum[INT(1-T)/(1+K)^i]g - P/(1+K)^n = 0$ 其中,$P(1-f)$代表的是企业筹集到的项目实际需要的负债资金总额度,也就是固定资产与自有资产额之间的差值,即企业的负债资金净额度；n代表的是项目的有效期限；I代表的是企业对某一项目的投资数量总和

续表

长期债券企业成本的计算方法	具体阐述
债券溢价或者是折价发行的计算方法	债券溢价或者是折价发行的条件下,长期债券企业成本的计算公式可以表示为: $(1-f)P - \sum \{Mi(1-t) + [(P-M)/n]T\}/(1+K)^t - M/(1+K)^n = 0$ 其中,P 代表的是债券的发行价格,i 代表的是债券的票面利率,M 代表的是债券在当前的面值,n 代表的是债券的有效期限

5. 留存收益成本的计算

留存收益指的是股东对企业追加的一部分投资。这些投入的资金是企业当年盈利的净利润中没有分配给股东的那部分股利。留存收益在一定程度上和普通股是相似的,股东也会要求对这部分留存收益收取一定的报酬率。所以,留存收益也需要计算企业成本,计算方法可以按照普通股的计算公式计算,只是不需要再考虑企业的筹资费用。

需要注意的是,企业在进行筹集资金的时候,渠道和方式都是多种多样的,很少有企业在筹资时仅仅采用一种筹资渠道和筹资方式进行筹集资金。

(二)边际企业成本的计算

边际企业成本指的是企业没增加单位资金而增加的那部分企业成本,它属于增量企业成本的范畴。通过计算边际企业成本,可以确定边际企业成本稳定的范围以及引起边际企业成本发生变化的筹资总额突破点,为企业做出决策提供参考。在计算边际企业成本时,需要做到以下几方面。

第一,要确定目标资金结构,并且按照这一资金结构确定不同筹资渠道与筹资方式的筹资总额。

第二,要确定不同筹资范围内的企业成本。

第三,要计算筹资总额的突破点。

第四,根据筹资总额的突破点,计算边际企业成本。

(三)加权平均企业成本的计算

加权平均企业成本是指某企业的各种资本在其全部资本中所占的比重,这种比重可以采用加权的方式计算出其权数。这种加权平均企业成本的计算方法可以帮助企业确定投资项目的收益率,再决定是否进行投资的重要参考指数。加权平均企业成本的计算方法主要包括账面价值法、目标价值法和市场价值法三种(表 5-7)。

表 5-7 加权平均企业成本的计算方法

加权平均企业成本的计算方法	具体阐述
账面价值法	账面价值法要根据企业的账簿和企业的资产负债表来确定权数
目标价值法	目标价值法指的是通过企业的财务工作人员对股票、债券等的变动趋势,预计其目标市场价值,再以这些目标市场价值为权数计算加权平均企业成本的方法
市场价值法	市场价值法要依证券市场中债券、股票的市场交易价格来确定权数

加权平均企业成本一般的计算方法可以表示为:

加权平均企业成本(WACC)$= (E/V) \times R_e + (D/V) \times R_d \times (l - T_e)$

其中,R_e 代表的是股本的成本,R_d 代表的是债务的成本,E 代表的是公司股本当前的市场价值,D 代表的是公司债务当前的市场价值,$V = E + D$,E/V 代表的是股本所占融资总数量的百分比,D/V 代表的是债务所占融资总数量的百分比,T_e 代表的是企业所得税税率。

需要注意的是,当我们计算某企业的加权平均企业成本的时候,各个成分的计算值要采用其当时的市面价值,而不是其发行时的面值,这关系到估算加权平均企业成本的准确性的高低,对企业做出相关的财务决策有着十分重要的参考价值。

五、成本控制概述

(一)成本控制的目标

成本控制的目标主要包括以下几方面。
第一,保证成本费用发生的有效性。
第二,保证成本费用发生的合理性。
第三,保证成本费用确认的正确性。
第四,保证成本费用计量的准确性。
第五,保证成本费用发生的合法性。
第六,保证成本费用记录和报告的真实性和及时性。

(二)成本控制的特点

成本控制具有显著特点,概括来说主要包括以下几方面(图5-4)。

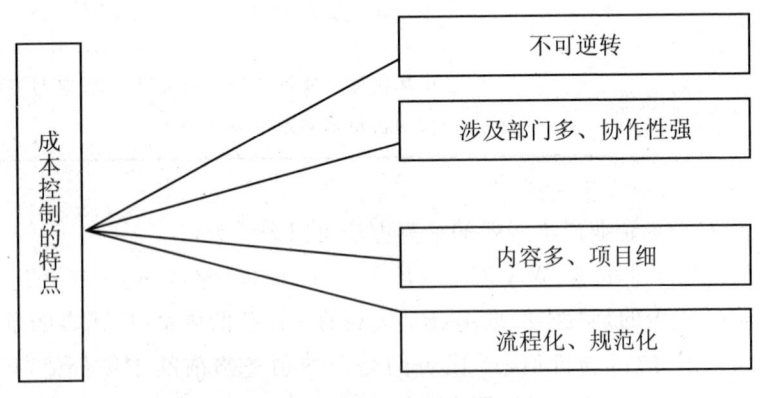

图5-4 成本控制的特点

第五章 "互联网+"背景下企业财务会计及其管理优化研究

1. 不可逆转

成本控制的直接结果就是成本费用的发生情况。通常情况下,成本费用一旦发生,就无法再挽回。由此可见,成本控制具有不可逆转性。针对这种不可逆转性,企业在成本控制过程中,必须强化成本费用的事前控制和事中控制,保证成本费用的发生合法、合理和有效,防止失控的现象发生。

2. 涉及部门多、协作性强

企业的组织机构中,上下、左右设有很多部门和单位,每一个部门和单位在为企业创造价值的同时也都耗费企业的资源,而这些资源的耗费最终都形成企业的成本费用。因此,成本费用的控制涉及企业内部的每一个部门和单位,需要这些部门和单位的相互协作。只有各个部门和单位协调地合作,成本控制才有可能达到预定的目标。

3. 内容多、项目细

成本控制既包括成本控制,也包括费用控制,内容多、项目细。以直接材料控制为例,一个企业就可能涉及几十、上百甚至几百、上千种材料的耗费,企业必须同时对这些材料的耗费进行控制,控制内容之多可见一斑。再以管理费用控制为例,企业发生的管理费用也有几十个二级明细项目,每个二级明细项目又有若干个三级明细项目,管理费用控制所涉及的项目很多、很细。

4. 流程化、规范化

成本控制必须针对成本费用发生的过程设计一些严格的、规范的控制流程,把成本控制引入流程化、规范化的轨道。例如,生产成本的业务流程经历以下几个环节:制订定额与标准,编制计划,领料,记录工时与产量,记录动力消耗,办理核算等。为了保证生产成本控制目标的实现,应在流程中设置一些控制点,如审批、签发、审核、稽核、记账、对账等。通过设置这些控制流程和控制点,实现成本控制的流程化、规范化。

(三)成本控制的原则

成本控制的原则如图 5-5 所示。

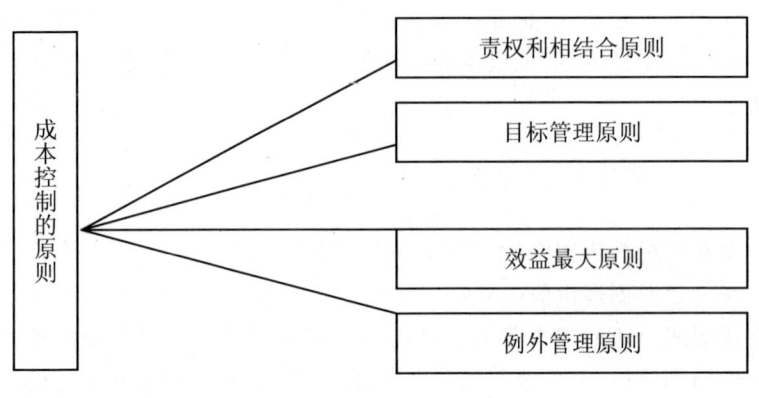

图 5-5 成本控制的原则

成本控制的原则：
- 责权利相结合原则
- 目标管理原则
- 效益最大原则
- 例外管理原则

1. 责权利相结合原则

在进行成本控制时，要注意与各个部门或人员的责权利结合起来。只有某部门或某人员能够控制的成本，才是成本控制的目标成本，否则，目标管理原则将失效。

2. 目标管理原则

企业的成本目标要层层分解，落实到各部门和人员，作为衡量业绩的标准。成本目标分解得越细，各个部门或人员的责任就越明确，控制的效果也就越好。

3. 效益最大原则

成本控制的主要目的之一是企业最终应能获取最大的经济效益。按照这一原则的要求，成本控制应做到以下几方面。

第一，应该尽可能地降低成本支出厉行节约，广开财路，处处按照客观经济规律办事。

第二，要将企业现有的人力、物力、财力等经济资源，统筹调动，实行最佳配置。

第三,要广泛开展成本－效益分析,只有当成本控制取得的收益大于其代价时,成本控制才是必要的和可行的。

4. 例外管理原则

在日常实施全面控制的同时,有选择地分配人力、物力和财力,抓住那些不正常的、不符合常规的、重要的关键性差异,查明原因,及时反馈给有关责任单位或责任人,迅速采取有效措施,认真解决这些问题。这些不正常的、不符合常规的、重要的关键性差异,称之为"例外事件"。

(四)成本控制的内容

1. 生产成本控制

生产成本指企业为生产产品而发生的费用,主要包括直接材料、直接人工和制造费用。

(1)直接材料控制

直接材料包括企业生产经营过程中实际消耗的原材料、辅助材料、备品备件、外购半成品、燃料、动力、包装物以及其他直接材料。控制主要是通过制订消耗定额和严格有关制度、手续实施控制。要对材料出入库严格实行计量检验,大力推广新工艺、新技术,开展材料代用和综合利用;要及时发现和解决采购不合理、用料不经济、领发不严格、回收无制度以及废品多、单耗高等问题,从而使产品单位直接材料成本有所下降。一般情况下,直接材料不止一种,应就每种材料进行成本差异计算,然后加总。差异算出后,可据以进一步追查原因,落实责任。

(2)制造费用控制

制造费用包括企业各个生产单位为组织和管理生产所发生的生产单位管理人员工资,生产单位房屋、建筑物、机器设备等的折旧费、租赁费、修理费、机物料消耗、低值易耗品摊销、取暖费、水电费、办公费、差旅费、运输费、保险费、设计制图费、试验检验费、劳动保护费、职工福利费、季节性和修理期间的停工损失以及其他制造费用。制造费用控制主要是通过编制制造费用预算和有关的费用开支标准实施控制。制造费用开支不仅在绝对数上不得突破预算指标,而且在内容上要符合财务制度规定,严格遵守开支范围和开支标准。

(3)直接人工控制

直接人工成本包括企业直接从事产品生产人员的工资、奖金、津贴和补贴以及职工福利费等。直接人工控制主要是通过人员定岗定编,制订工资基金限额和工时消耗定额等实施控制。企业应根据生产任务合理安排使用劳动力,实行定员定额,控制各种产品的实际工时消耗。采用计件工资制的企业应制订先进合理的产品计件单价,确保劳动生产率增长大于工资水平的增长,从而降低产品的直接人工成本。

2. 成本的事前控制

成本事前控制的内容主要包括:制定标准成本和编制成本费用预算,为成本的日常控制和考评执行结果提供依据和目标,使成本在其实际形成之前就已处于严格的控制之中。成本费用预算的编制,内容主要是:标准成本的制定、价值工程的应用以及质量成本控制问题。

3. 费用控制

(1)销售费用控制

销售费用是企业为销售产品而支出的各种费用,包括企业销售商品过程中发生的运输费、装卸费、包装费、保险费、展览费和广告费,为销售本企业商品而专设销售机构的职工工资及福利费、类似工资性质的费用、业务费等经营费用,以及商业企业在购买商品过程中发生的运输费、装卸费、包装费、保险费,运输途中的合理损耗和入库前的整理挑选费等。它与产品成本有着很大的差别。与管理费用相比,销售费用中具有更多的变动费用性质,如销售费用中的运输费、委托代销手续费、包装费、装卸费、支付中介人的佣金等。这些费用随着产品销售量的增减而增减。从成本控制分析的角度来看,变动费用一般通过控制单位变动成本支出和结合销售量来控制,因此,销售费用更易控制。企业在对销售费用的预算控制时,其中部分销售费用采用弹性预算法进行预算,并相应地采用弹性控制。由于销售费用是因为销售产品(或商品)而发生的费用,且一般常发生于企业的销售业务部门,作用于销售业务。因此,将销售费用的支出与取得的销售绩效联系起来,以销售绩效来衡量销售费用支出的合理性和有效性,借以激励销售人员降低费用、节约开支,是基本的控制措施。

(2)管理费用控制

管理费用是为生产经营活动的正常进行而发生的各项费用,包括公司经费、工会经费、职工教育经费、劳动保险费、待业保险费、董事会费、咨询费、聘请中介机构费、诉讼费、排污费、绿化费、税金、土地使用费、土地损失补偿费、技术转让费、研究开发费、业务招待费、计提的坏账准备和存货跌价准备、存货盘盈盘亏等。它与产品成本有很大的不同,其大部分属于固定费用性质;从成本责任来看,管理费用属于不可控成本。管理费用的高低大都由企业规模和管理水平决定,职工个人对其无太多的约束力,是企业整体的一次费用支出。其固定性决定其主要体现在企业高层领导管理人员的决策。

(3)财务费用控制

财务费用的控制是与借款筹集资金的经济活动控制分不开的,对其控制在很大程度上归属于筹资控制。财务费用的控制要点有五点。

第一,控制借款数额,从而控制借款费用。

第二,控制借款种类,不能借超过企业承担能力的高利息款项。

第三,控制借款费用资本化范围,正确计量资本化金额。

第四,控制因签发带息票据和票据贴现而产生的财务费用。

第五,做好考核工作,通过考核控制财务费用。

4. 成本差异的账务处理

(1)成本差异核算

使用的账户日常计算出来的各类成本差异除了可据以编报有关差异分析报告单之外,还应分别登记有关成本差异明细分类账或登记表,使差异能在账户系统中得以记录,以便期末汇总每类差异的合计数并统一进行处理。成本差异核算所使用的账户既可以按大的成本项目设置,又可按具体成本差异的内容设置。在变动成本法下,可以不设置"固定性制造费用"账户。

(2)期末成本差异的账务处理

会计期末对本期发生的各类成本差异可按以下方法进行会计处理(表5-8)。

表 5-8 期末成本差异的账务处理方法

期末成本差异的账务处理方法	具体阐述
直接处理法	直接处理法是将本期发生的各种差异全部计入损益表,由末期收入补偿,视同于销售成本的一种差异处理方法。当成本标准过于陈旧,或实际成本水平波动幅度过大时,就会因差异额过高而导致当期净收益失实,同时会使存货成本水平失实
递延法	递延法是指把本期的各类差异按标准成本的比例在期末存货和本期销货之间进行分配,从而将存货成本和销货成本调整为实际成本的一种成本差异处理方法。该法强调成本差异的产生与存货、销货都有联系,不能只由本期销货负担,应该有一部分差异随期末存货递延到下期去。这种方法可以确定产品的实际成本,但分配差异工作过于烦琐
稳健法	在实务中还有一些变通方法,如折中法,即将各类差异按主客观原因分别处理:对客观差异按递延法处理,对主观差异按直接法处理。这种方法既能在一定程度上通过利润来反映成本控制的业绩,又可以将非主观努力可以控制的差异合理地分配给有关对象。但缺点是不符合一致性原则。另外还有一种处理差异的方法,即差异的年末一次处理法,即各月末只汇总各类差异,到年末才一次性处理。这样不仅可简化各月处理差异的手续,而且在正常情况下,各月差异正负相抵后,年末一次处理额并不大,可避免各月利润因直接负担差异而波动。但如果年内某种差异只有一种变动趋势,那么年末一次处理时,累计差异过大会歪曲财务状况与经营成果,所以在后一种情况下就不宜采用此法

5. 成本控制的制度

成本控制制度通常包括以下一些内容(图 5-6)。

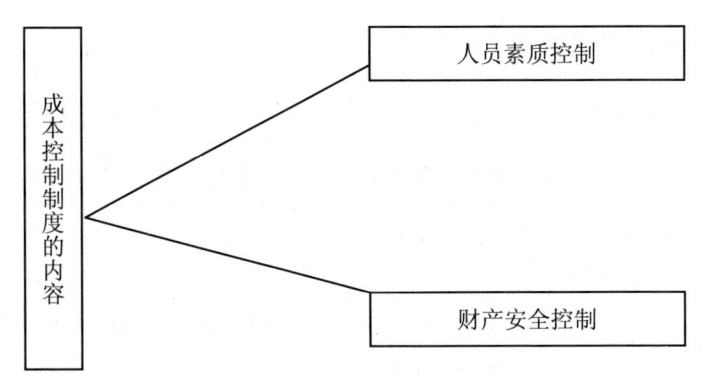

第五章 "互联网十"背景下企业财务会计及其管理优化研究

图 5-6　成本控制制度的内容

(1)人员素质控制

生产经营活动离不开人的参与,企业人员素质的高低直接影响企业的发展。现代企业都应该重视人才的培养。合格的技术人员具有较高的开发、设计新产品的能力。合格的管理人员具有丰富的生产管理经验和生产管理知识。合格的生产人员具有较高的生产技能,遵守生产纪律和操作规程。企业应该实行员工考核制度,全面考查员工的职业能力,考核评估员工的工作业绩,员工凭合格证书上岗工作。建立员工定期培训制度,不断提高员工的职业道德素质和技术业务素质。建立奖惩制度,建立激励机制,鼓励员工积极创新和勤奋工作,提高生产质量和效率,奖励有功者。建立必要的升迁机制,对工作出色者给予升迁奖励,对玩忽职守者、不能胜任者给予降职或下岗等处分。

(2)财产安全控制

财产安全控制是确保企业财产物资安全完整所采取的各种方法和措施。在生产过程中,材料物资应该采取永续盘存制、定期的实地盘存制与不定期的实地盘存制相结合的方法,以保证企业的材料物资在每一个会计时点都账实相符。建立健全原材料、在产品、产成品等各项物资的收发、领退、转移、报废制度。对于盘盈盘亏存货必须及时查明原因进行正确地处理。对财产物资按照顺序编号与存放,便于清查、点数和保管等。财产安全控制制度要和存货的保管制度相结合,有助于企业加强管理。

6.成本费用业务中常见的弊端

成本费用业务中常见的弊端主要包括以下几方面(表5-9)。

表5-9 成本费用业务中常见的弊端

成本费用业务中常见的弊端	具体阐述
成本费用管理上失控	(1)成本费用支出不预算、无审批、缺乏严格的控制程序和方法
	(2)成本费用支出失控,超预算开支现象严重
	(3)成本费用凭证不规范,其主要表现为:有的单位以"白条"入账;有的单位商品发票、劳务发票和收款收据不分,相互替代;有的单位以发票、收据的副本或复印件入账
成本费用核算上失真	(1)有的单位虚列费用、虚计成本,任意调节成本费用与利润;有的单位利用"预提"或"待摊"的方法,提前或延迟费用分摊,造成成本费用与收入不配比,与应计会计期间不符
	(2)有的单位成本费用分配方法选用不当,随意变更;有的单位成本费用方法运用不正确,在费用分配时任意增减分配对象应负担的费用,分配方法名存实亡
	(3)材料退货核算不正确,在产品盘亏不上账,致使产品生产成本虚增实减或虚减实增

(五)其他成本控制

1.质量成本控制

质量是指产品的优劣程度,质量好坏是使用价值的重要内容,对企业的经济效益具有重大影响。不同质量的产品实行不同的价格,按质论

第五章 "互联网＋"背景下企业财务会计及其管理优化研究

价就是按值论价。质量好坏受成本水平的制约。一般来说,质次则耗低,质好则耗高,只有优质与低耗的统一,才会有真正的效益。因此,企业追求质量不能不计工本,盲目追求过剩质量,必须进行质量成本控制。

(1)质量成本习性

掌握各种质量成本的习性,对寻求质量与成本支出最佳交叉点具有重要意义。一般说来,企业产品成本和产品质量是矛盾的,提高质量会增加成本支出,减少必要的成本支出会影响产品质量。支出越多,产品的不良品就越少,产品的质量水平就越高,它们和产品的质量水平呈同方向变化,这类成本属于不可避免成本,随着产品质量的不断提高,这部分成本将会增大;损失成本则和产品质量水平呈相反方向变化,质量损失成本越大,意味着不良品增加,产品质量水平下降,这类成本属于可避免成本,随着产品质量的不断提高,这部分成本将逐渐降低。

(2)最佳质量成本决策模型

质量成本线是一条由两类不同性质的成本所决定的凹型曲线,最优质量成本既不是在质量最高时,也不是在质量最低时,而是在使预防检验成本与损失成本之和最低时的质量水平。从理论上讲,当预防检验成本等于质量损失成本时,可找到最佳质量水平点,此时的质量成本最低。应根据质量成本习性绘制最佳质量成本决策模型。

(3)质量成本控制的程序

为了有效地对质量成本进行控制,应该遵循以下基本程序(表5-10)。

表5-10 质量成本控制的程序

质量成本控制的程序	具体阐述
确定最佳质量成本,并以此作为质量成本控制的目标	最佳质量成本的确定,既可以用最佳质量成本控制模型求得,也可以根据企业的历史成本资料,结合质量管理的具体要求,参照同行业同类产品的质量状况经研究、分析计算后确定
建立健全质量成本管理的组织体系	健全的质量成本管理的组织体系,是确保质量成本控制目标实现的组织基础和根本保障。由于质量成本涉及企业的众多部门,所以必须按照责、权、利相结合的原则,划分责任单位,归口加以管理。各责任部门再按质量成本的具体构成追踪其发生的根源,落实到具体的人

续表

质量成本控制的程序	具体阐述
根据全面质量管理的要求和最佳质量成本数据编制相应的质量费用预算	作为各个质量成本项目及相应质量控制部门的控制标准在质量成本控制中,为保证产品的质量,应当适当地增大预防检验成本在质量成本中的比例,坚持以预防为主的质量控制思想
做好对质量水平和质量成本的记录和分析	及时地计算和分析质量成本脱离质量成本目标的差异,并采取相应的措施,加以控制,使产品的质量水平和质量成本尽可能地接近质量成本的最佳点

2. 使用寿命周期成本控制

使用寿命周期成本也称产品寿命成本,是指产品研制、设计、生产、使用、维修直至报废的全部费用。产品寿命成本既是管理成本的概念,也是经营成本的概念。在投资决策中,可以把某项目整个寿命期的预期总成本和总收入相比较,从而根据经营效益的大小做出决策。不断降低产品寿命成本是生产消费双方共同关心的问题,它的降低不仅直接影响消费者的利益,也是生产厂商提高其产品竞争能力、扩大销售的重要手段。

(1)从生产者的角度控制产品寿命成本

从生产者的角度考虑,产品寿命成本包括原始成本和运用维护成本两部分。

①原始成本

原始成本指产品设计、开发、制造储存、销售等成本。

②运用维护成本

运用维护成本指售后与使用该产品有关的消耗成本及维修成本、保养成本等。可见,运用维护成本是原始成本的一种必要补充。

为了有效控制产品寿命成本,企业应做到以下几方面。

第一,企业应组织全体职工,以对用户负责的精神,全面地控制影响产品质量的各种因素,建立起一整套贯穿于广义的生产全过程的质量管理体系,设计生产出优质低耗的产品,并且积极开展售后技术服务工作。

第二,进行使用效果和使用要求的调查,把用户在使用中的意见及时反馈给设计、生产部门,以便进一步改进产品质量,千方百计降低产品的寿命周期成本,减少用户的支出,从而达到扩大销量、争取更多用户、增加利润的目的。

(2)从使用者的角度控制产品寿命成本

从使用者的角度考虑,产品寿命成本是指消费者为实现产品提供的功能而花费的代价,由产品原价和使用维修成本两部分构成。

①产品原价

产品原价是指原始的购置成本,包括买价、运输、装卸、安装等费用。

②使用维修成本

使用维修成本是指产品在寿命期内的运行、维护、修理、保养、更换零部件等支出总数。

降低产品的生产成本,会导致产品售价的下降,从而降低原始购置成本,它是降低产品寿命周期成本的一个主要因素。产品使用维修成本则主要由产品质量所决定。产品质量的提高,表现为产品寿命周期的延长或者使用维修成本的减少,两种情况都会使产品寿命周期成本相应降低。

六、"互联网+"背景下企业成本管理的优化路径

在"互联网+"背景下,可以通过以下几种路径对企业成本管理进行优化。

(一)提高成本控制的思想意识

企业通过优化成本核算管理方法来降低企业生产经营费用,获得更大的经济效益。

第一,企业管理者应重视成本核算,以身作则,引导会计人员转变思维,树立科学、系统的成本核算管理理念。在选择具体的成本核算管理方法时,应根据企业的实际经营情况,对成本项目进行汇总、核算,并尽可能详细。领导层应认识到,提高企业成本核算的管理水平是增强核心竞争力的关键。此外,企业应认识到,加强成本会计管理是有效规避财务风险的重要内容。只有鼓励全体职工和管理者自下而上进行成本预

测和制定成本计划,自上而下分配成本比例,明确成本责任范围,统筹协调,才能有序推进成本核算工作。

第二,加强会计人员专业技能培训。指导会计人员树立成本控制理念,实施成本核算精细化管理,对财务人员进行不同层次的成本校准方法培训,从源头上避免低层次人员的出现。此外,要建立健全相关规章制度,明确各部门、各员工的经济责任。激发全体员工参与成本核算控制的积极性,推动中小企业成本管理体系建设,为成本核算管理建立制度保障。

(二)加强企业网络信息化建设

在"互联网+"背景下,企业必须做好及时转型的准备,应从战略角度出发规划好企业未来发展的道路,即如何在企业现有信息技术的基础上通过对信息技术的转型升级从而带动整个企业的转型升级。信息技术的升级和发展以及大数据分析的使用将给企业信息筛选带来前所未有的变化。在信息系统的控制下,企业选择有效的数据进行分析和应用,将现代信息技术与传统成本管理理念相结合,优化企业资源配置,科学规划企业资本流动,从而构建企业成本管理的新模式。因此,企业必须加大信息化投入,搭建企业网络信息化建设平台。然而,任何一种技术创新都有一定的缺点,如何有效、安全地管理信息显得尤为重要,尤其是企业的核心信息和财务信息一旦被盗,将对企业的生产经营产生不可估量的影响。因此,为了保证企业信息流通的安全,必须保证其网络环境的安全。

(三)构建企业财务管理成本控制的管理机制

企业建立财务管理成本控制管理机制的策略如下。

1. 确立财务管理成本控制的信息化机制

现阶段,国内企业在财务管理成本控制工作中的信息管理缺乏重视和应用,导致企业财务管理信息和数据不真实、存在错误和漏洞,降低了企业成本控制的效果。企业管理者应建立信息化的财务管理成本控制体系,同时培养员工应用信息化成本管理的能力,将财务管理成本管理理念融入企业文化,做好财务账目各种数据的归档、收集和分析工作,为企业决策提供信息支持。

2. 确立财务管理成本控制的分析机制

成本分析系统是企业有效实施内部成本控制的重要组成部分。建立健全成本分析体系,使成本分析规范化、制度化,督促企业各部门、生产车间、岗位和人员,特别是公司管理层充分认识和重视成本分析在企业成本管理中的重要性,以明确其在成本分析过程中的责任。

3. 确立财务管理成本控制的追责机制

建立适合财务管理成本控制的绩效考核奖惩机制,对考核结果优秀的员工进行奖励,对考核不合格的员工进行处罚,确保企业员工的责任心和自觉性。总之,企业应明确划分不同岗位人员的成本控制和管理职责,明确各岗位的管理职责,发挥员工的劳动积极性。

4. 确立财务管理成本控制的统计机制

根据计算方法、指标口径、成本核算标准和统计范围的差异和要求,建立财务管理成本控制的统计机制。同时,建立财务票据管理制度和流程,确保每项具体支出都有票据凭证,由各部门负责人和相关负责人审核签字。

(四)增加企业成本投入,优化企业成本管理内部环境

政府管理机构和部门应为中小企业提供合理的发展空间,维护市场经济秩序,规范市场竞争行为。作为中小企业经营者,除了寻求稳定的资金来源外,还应在企业内部建立全面完善的财务管理机制,树立财务管理成本控制的意识和工作氛围,建立财务管理成本管理的制度流程,建立和谐稳定的企业内部环境,为成本管理奠定基础。

此外,中小企业应适当增加成本投入,协调不同部门之间的关系,建立相互沟通、和谐互助的工作关系,确保企业财务数据和会计信息的真实性和有效性,分析企业各项资金的使用情况,掌握企业生产经营活动

的具体信息。企业员工应具有与其工作职责相匹配的专业能力,确保负责财务管理和监督的审计人员具有较强的原则性,确保企业成本管理和监督工作的独立性和真实性。

(五)实施预算编制策略,提高成本控制水平

1. 应将生产经营目标与预算编制目标相结合

中小企业应根据自身经济水平和实际情况优化资源配置,针对不同部门、不同类型的成本管理内容制定核算日期和表,并对其成本数据进行计算和分析。预算编制计划应反映企业的经营目标和发展规划目标,确保两者相互促进和协调,以实现企业的经营和生产目标,促进中小企业健康可持续发展。

2. 应科学编制成本预算的方案内容

(1)企业全体员工的积极配合

企业应帮助所有员工了解预算的重要性,做好预算编制和成本管理理论的宣传工作,制定各部门参与预算编制和费用管理的相应职责。在中小企业中形成预算编制和成本管理的氛围,有利于提高预算编制的质量和有效性。

(2)各部门之间的互助与合作

在预算成本编制过程中,企业应听取不同部门的意见,促进企业不同部门之间的协调、沟通与合作,确保预算编制中使用的数据信息的全面性和准确性,提高预算编制质量。

(3)预算编制方法的科学选择

预算编制时,应根据企业实际生产目标和经济市场变化因素,从滚动预算、弹性预算、固定预算等预算编制方法中选择最合适、最科学的预算编制方法,以确保企业预算编制的准确性和有效性。

3. 应建立成本预算的反馈与评估制度

企业应建立预算编制和成本管理的反馈和评价体系,设置非财务和财务评价指标,对各部门的成本管理任务、工作性质、成本管理效果等内

容进行评价,并采用定量评价与定性评价相结合的方式对企业成本管理进行评价反馈。

(六)创新企业财务成本管理模式

"互联网+"背景下,为了进一步紧跟时代的发展步伐,企业必须进一步不断地改变现有的业务管理模式,并找到相对新的方式来微调具体的业务管理。

在实施成本核算时,企业的财务管理必须有效地渗透到相对复杂的管理模式中。考虑到信息技术应用领域的持续发展阶段大多是智能化建设,以及相应个性化管理工作的具体经验,成本核算在财务管理中的实践内容相对较少,这进一步加剧了相应成本核算工作的难度。为了计算每个公司和每个生产产品的客户的成本,有必要准确计算公司产生的成本,并将其与定价结合起来,以做出有效的决策。由于现阶段我国企业改革的全面发展,企业财务管理过程中的成本核算工作量也显著增加。在"互联网+"背景下,福利资源的利用是转变财务费用管理商业模式的关键。网络协同制造是现阶段有效提供的技术资源之一,公司产品相对来说为供应商所有,形成相应的寄售业务模式关系。企业财务管理工作进一步将互联网的数据能力与相应的制造技术进行有效结合,提高了现阶段成本核算工作的效率及工作质量。

第三节　利润及利润分配

一、利润

(一)利润总额的构成

利润总额是指企业在一定期间内进行生产经营活动所取得的以货币表现的最终财务成果,也就是企业的收入与费用配比相抵后的差额。① 企业的利润总额主要由营业利润、投资净收益和营业外收支净额组成,在某些情况下还可能包括以前年度损益调整和补贴收入等项目。

1. 营业利润

营业利润是指将某一会计期间的营业收入扣除营业成本、期间费用和各种流转税及附加费后的数额。营业利润是企业利润总额的主要组成部分,按其赖以形成的经营业务性质的不同,分为主营业务利润和其他业务利润。主营业务利润是企业经营的主营业务所产生的利润。其他业务利润是企业经营的主营业务以外的其他业务活动所产生的利润。

2. 投资净收益

投资净收益是指投资收益减去投资损失后的余额。投资收益包括对外投资分得的利润、股利和债券利息,投资到期收回或者中途转让取得款项高于账面价值的差额,以及按照权益法核算的股权投资在被投资单位增加净资产中拥有的数额等。投资损失包括投资作价损失、投资到期收回或者中途转让取得的款项低于账面净值的差额,以及按照权益法核算的股权投资在被投资单位减少的净资产中所分担的数额等。

(1) 投资净收益核算的账户设置

投资净收益通过"投资收益"账户核算。该账户的贷方登记企业对外投资取得的收入,借方登记对外投资发生的损失。期末将投资净收益转入"本年利润"账户后,该账户应无余额。

(2) 投资净收益核算的账务处理

企业取得投资收入时,应借记"银行存款""长期投资"等账户,贷记"投资收益"账户。如企业收到分来的股利及利润、期末计算债券投资应计的利息、按权益法计算的投资收益时,应分别借记"银行存款""长期投资——应计利息""长期投资——股票投资"账户,同时贷记"投资收益"账户。企业发生投资损失时,应借记"投资收益"账户,贷记"短期投资"以及"长期投资"等账户。如企业按权益法计算出应负担被投资企业当年亏损的份额,应借记"投资收益"账户,贷记"长期投资——股票投资"

---

① 毛志忠,刘天明. 企业会计学[M]. 合肥:安徽大学出版社,2007.

第五章 "互联网十"背景下企业财务会计及其管理优化研究

账户,等等。

企业期末结转投资净收益时,应借记或贷记"投资收益"账户,贷记或借记"本年利润"账户。

3. 营业外收支净额

营业外收支净额是指与企业生产经营无直接关系的各项收入和各项支出相抵后的差额,即营业外收入扣减营业外支出后的净额。

(1)营业外收入

营业外收入是指企业发生的与生产经营业务无直接关系的各项收入。其主要内容包括以下几方面。

第一,固定资产盘盈收入。即在固定资产清查中盘盈固定资产所增加的价值。

第二,罚款净收入。即企业取得的滞纳金和各种形式的罚款收入在弥补由于对方违反制度或协议而造成的经济损失后的净收入。

第三,处理固定资产收益。即固定资产清理后的净收益,是出售、报废和毁损的固定资产在清理后,所收回出售固定资产的价款,所得报废及毁损固定资产的残料价值或变价收入以及赔偿金等扣除固定资产净值、清理费用等后的余额。

第四,无法支付的应付款项。即企业确实无法支付,而按规定程序批准后,转到营业外收入的应付款项。

第五,教育费附加返还款。这是指自办职工子弟学校的企业,在缴纳了教育费附加后,教育部门返还给企业的所办学校经费补贴款。

第六,其他收入。即按有关规定计列的其他各项营业外收入。

(2)营业外支出

营业外支出是指企业发生的与生产经营活动无直接关系的各项支出,其主要内容包括以下几方面。

第一,固定资产盘亏。即在财产清查中盘亏的固定资产损失价值。

第二,非季节性或大修理期间的停工损失。

第三,清理固定资产净损失。即出售、报废和毁损的固定资产转入清理后发生的净损失。

第四,非常损失。是指自然灾害造成的各项资产净损失(扣除保险赔款及残值),以及由此造成的停工损失和善后清理费用。

第五,各项罚款及没收支出。指企业因未履行经济合同而支付的赔偿金、违约金、财产罚没损失以及各项税收的滞纳金和罚款。

第六,职工子弟学校经费和技工学校经费。即按规定自办的职工子弟学校支出大于收入的差额,以及发生的自办技工学校的经费支出。

第七,公益救济性捐赠支出。是指国内重大救灾或慈善事业的救济性捐赠支出以及其他捐赠支出应由企业税后留利列支。

第八,其他支出。

4. 以前年度损益调整

以前年度损益调整是指企业由于调整以前年度损益事项而调整的本年利润数额,即企业因以前年度多计收益、少计费用,或少计收益、多计费用而调整本年度损益的数额。

企业本年度发生的以前年度调整损益的事项,由于以前年度账目已结,不可能对其账面记录进行更改和补充,为此应设置"以前年度损益调整"账户。该账户用于核算企业本年度发生的调整以前年度损益的事项。该账户的借方,反映企业以前年度少计费用、多计收益而应调减本年度损益的数额;贷方反映企业以前年度多计费用、少计收益而应调增本年度损益的数额。期末将该账户的余额转入"本年利润"账户后,本账户应无余额。

5. 补贴收入

补贴收入是指企业因政策性亏损而应收的财政补贴收入,一般将其作为企业的非正常利润项目处理。根据行业会计制度的规定,在遵循利润总额基本构成的原则下,各类企业利润总额有关项目的具体构成可以有所不同,以适应不同企业经营活动的特点。

工业企业利润总额的构成内容,可用下列计算公式表示:

利润总额＝营业利润＋投资净收益＋营业外收支净额＋以前年度损益调整＋补贴收入

营业利润＝产品销售利润＋其他业务利润－管理费用－财务费用

产品销售利润＝产品销售收入＋产品销售成本－产品销售费用－产品销售税金及附加

其他业务利润＝其他销售收入/其他销售成本－其他销售税金及附

第五章 "互联网＋"背景下企业财务会计及其管理优化研究

加商品流通企业利润总额的构成,可用下列计算公式表示:

利润总额＝营业利润＋投资净收益＋营业外收支净额＋以前年度损益调整＋补贴收入

营业利润＝主营业务利润＋其他业务利润－管理费用－财务费用－汇兑损失

主营业务利润＝商品销售利润＋代购代销收入

商品销售利润＝商品销售收入净额－商品销售成本－经营费用－商品销售税金及附加

商品销售收入净额＝商品销售收入－销售折扣与折让

其他业务利润＝其他业务收入－其他业务成本－其他业务税金及附加

根据国家规定,由于政策性原因造成的企业的一些产品成本高于国家定价或限价,国家应予弥补,以维持这些产品能获得平均利润率,能与其他企业公平竞争。因此,在政策性亏损企业,应设置"应收补贴款"账户,核算企业按规定应收的政策性亏损补贴和其他补贴;同时应设置"补贴收入"账户,核算企业应取得的补贴收入。

企业按规定计算出应收的政策性亏损补贴和其他补贴时,借记"应收补贴款"账户,贷记"补贴收入"账户;收到补贴款时,借记"银行存款"等账户,贷记"应收补贴款"账户;期末结转补贴收入时,借记"补贴收入"账户,贷记"本年利润"账户,结转后"补贴收入"账户应无余额。

(二)企业利润实现

1. 企业利润实现核算的账户设置

企业实现的利润总额,是计算交纳所得税,进行利润分配的主要依据。因此,企业必须完整、真实、准确地反映利润总额的形成情况。

2. 企业利润实现核算的账务处理

企业本期实现的利润总额的计算经常采用账结方法。账结法是于每月终了,将损益类账户余额全部转入"本年利润"账户,通过"本年利润"账户结出本月份利润或亏损总额以及本年累计损益的一种方法。在这种方法下,每月都要使用"本年利润"账户。月末结转各项收入时,应借记"产品销售收入""其他业务收入""营业外收入""投资收益""以前年度损益调整""补贴收入"等账户,贷记"本年利润"账户;结转各项支出时,应借记"本年利润"账户,贷记"产品销售成本""其他业务支出""产品销售费用""产品销售税金及附加""营业外支出""投资收益""管理费用""财务费用""以前年度损益调整"等账户。结转后,即可通过"本年利润"账户结出企业当月利润或亏损总额以及本年累计利润。

二、利润分配

(一)利润分配的内容和顺序

利润分配是企业对一定时期的税后利润在企业与投资者之间进行的分配,它不仅关系到企业能否长期稳定地发展,还关系到投资者或股东的权益能否得到保障,具有很强的政策性。

1. 一般企业利润分配的内容和顺序

一般企业的税后利润,根据规定按照下列顺序进行分配(表5-11)。

表5-11 一般企业利润分配的内容和顺序

一般企业利润分配的内容和顺序	具体阐述
税后弥补以前年度亏损	企业用税后利润弥补以前年度亏损,税后弥补的方式通过当年税后利润抵减年初未分配利润借方余额进行处理
上交特种基金	城镇及乡镇集体企业等,按现行会计制度规定应从税后利润中向国家财政上交能源交通重点建设基金和预算调节基金
提取盈余公积	企业应按当年税后利润(减弥补亏损)的一定比例提取盈余公积,以增强企业自我发展的实力和承担经营风险的能力

第五章 "互联网+"背景下企业财务会计及其管理优化研究

续表

一般企业利润分配的 内容和顺序	具体阐述
提取公益金	企业应按当年税后利润（减弥补亏损）的一定比例提取公益金
向投资者分配利润	企业当年的税后利润，在弥补以前年度亏损，上交特种基金，提取盈余公积金和公益金以后，可向投资者分配利润。企业以前年度未分配的利润，可并入本年度向投资者分配

上述利润分配顺序的关系和要求如下。

第一，企业以前年度亏损未弥补完，不得提取盈余公积金和公益金。

第二，在提取盈余公积金和公益金之前，不得向投资者分配利润。

第三，企业必须按当年税后利润（减弥补亏损）的10%提取法定盈余公积金，当法定盈余公积金已达注册资本50%时可不再提取。

2. 股份制企业利润分配的内容和顺序

股份制企业的税后利润根据规定按下列顺序进行分配。

第一，税后弥补以前年度亏损。

第二，提取法定盈余公积。

第三，提取公益金。

第四，支付优先股股利。

第五，按公司章程或股东大会决议提取任意盈余公积金。

第六，支付普通股股利。

股份制企业利润分配的基本要求是：企业的税后利润在弥补亏损和提取法定盈余公积金与公益金前，不得分配股利，当年无利润，企业也不得分配利润。但在已用盈余公积金弥补亏损之后，经股东大会特别决议，可按不超过股票面值6%的比率用盈余公积分配股利。

在分配股利后，企业法定盈余公积金不得低于注册资本的25%，各类企业按上列顺序分配以后，剩余部分为未分配利润。未分配利润可以留待以后年度分配，也可以留待亏损年度弥补亏损。

(二)利润分配核算应设置的账户

"利润分配"账户应根据利润分配的内容以及年终利润结算的需要，设置下列明细账户。[①]

1. "应交特种基金"明细账户

核算企业按规定应上缴财政的能源交通重点建设基金和预算调节基金。

2. "提取盈余公积"明细账户

核算企业按规定提取的盈余公积。有的企业按规定提取公益金，可以在本账户核算，也可以另设"提取公益金"明细账户核算。

3. "应付利润"明细账户

核算企业应付给投资者的利润。

4. "未分配利润"明细账户

核算企业历年积存的未分配利润(或未弥补亏损)，以及进行年终利润结算。

股份制企业"利润分配"账户下设置的明细账户与上述基本相同，不同之处将在有关业务的账务处理中予以说明。

(三)利润分配核算的账务处理

1. 用税后利润弥补亏损

企业以前年度发生的亏损，表现为"利润分配——未分配利润"账户的借方余额。企业用当年税后利润弥补以前年度亏损，是通过用当年税

---

① 于颖. 企业会计学[M]. 北京：对外经济贸易大学出版社，2008.

第五章 "互联网+"背景下企业财务会计及其管理优化研究

后利润抵减"利润分配——未分配利润"账户借方余额的方式实现的,对这一会计事项,不需单独设置账户核算,也不需编制会计分录。

2. 应交特种基金

应交特种基金是指企业按规定从税后利润中提取的向财政上交的能源交通基金和预算调节基金(简称"两金")。

能源交通基金和预算调节基金是按企业应纳税所得额扣除所得税后的余额,再乘以规定的征集率计征的两种特别基金。能源交通基金的征集率为7%,预算调节基金的征集率为10%。征集能源交通重点建设基金是为了集中必要的资金用于国家能源交通基础设施建设,促进国民经济的发展;征集预算调节基金是为了加强国家的宏观调控能力,适当集中一部分财力,为改革和建设的顺利进行创造良好的条件。

新税制实施后,国家对依法交纳所得税的国有企业免征"两金",但城镇及乡镇集体企业等应继续交纳"两金"。这类企业按规定计算出的应交纳的"两金",应借记"利润分配——应交特种基金"账户,贷记"其他应交款"账户;实际交纳时,应借记"其他应交款"账户,贷记"银行存款"账户。

3. 提取盈余公积

盈余公积是指从税后利润中提取的用于弥补亏损和转赠资本的准备金。它分为法定盈余公积和任意盈余公积。
(1)法定盈余公积
法定盈余公积是根据有关法律、法规的规定提取的盈余公积。
(2)任意盈余公积
任意盈余公积是根据企业经营等方面的需要提取的盈余公积。
一般企业只提取法定盈余公积,不提取任意盈余公积。法定盈余公积按企业当年税后利润(减弥补亏损)的10%提取。股份制企业既提取法定盈余公积,又可提取任意盈余公积。其法定盈余公积提取的依据和比例与一般企业相同;任意盈余公积按照公司章程或者股东会议确定的数额,在提取公益金和支付优先股股利后提取。

企业法定盈余公积提取额,用计算公式表示为:
法定盈余公积提取额=(税后利润-弥补以前年度亏损)×10%

一般企业按规定从税后利润中提取法定盈余公积时,借记"利润分配——提取盈余公积"账户,贷记"盈余公积——法定盈余公积"账户。

股份制企业提取法定或任意盈余公积时,借记"利润分配——提取法定盈余公积(或提取任意盈余公积)"账户,贷记"公积金——盈余公积金——法定盈余公积金(或任意盈余公积金)"账户。

4. 提取公益金

公益金是指企业从税后利润中提取的主要用于兴建职工集体福利设施,属于所有者权益。

企业的组织形式不同,提取公益金的账务处理也有所不同。一般企业按当年税后利润(减弥补亏损)的5%提取公益金。提取的公益金,视同盈余公积,在"盈余公积"账户内设置明细账户核算。提取时,借记"利润分配——提取盈余公积"账户,贷记"盈余公积——公益金"账户。股份制企业按当年税后利润(减弥补亏损)的5%提取公益金,提取的公益金作为职工福利基金,在"集体福利基金"账户核算,提取时,借记"利润分配——提取公益金"账户,贷记"集体福利基金"账户。

5. 向投资者分配利润

(1)一般企业应付利润的核算。

一般企业可供投资者分配的利润可按下列公式计算:

可供投资者＝(本年税－应交特种基金－提取的盈余)＋年初未分配的利润－(后利润公积＋公益金分配的利润)

如有年初未弥补的亏损,应从上式中扣除。

企业能否向投资者分配利润,并不取决于当年盈利还是亏损,主要看企业是否拥有可供分配的利润。即"利润分配—未分配利润"账户的账面贷方余额有多少。即使企业在亏损年度,只要年初有较多的未分配利润可以弥补本年亏损,仍然可以进行分配。至于一个有可供分配利润的企业,是否向投资者分配利润,以及分配多少利润,则由投资者根据企业发展的需要和目前资金数量情况来决定。

现行制度规定,企业一般不得预分利润;企业当年无可供分配的利润,不得向投资者分配利润;企业的税后利润在弥补亏损、上交"两金"和提取盈余公积及公益金前,不得分配利润。

第五章 "互联网+"背景下企业财务会计及其管理优化研究

企业计算出应付给投资者的利润,作为企业的一项流动负债。结转时,借记"利润分配——应付利润"账户,贷记"应付利润"账户;实际支付利润时,借记"应付利润"账户,贷记"银行存款"账户。

(2)股份制企业分派股利的核算

股利是股份公司从企业净利润中分配给股东作为股东对企业投资的一种报酬。现行股份制财务制度规定,企业缴纳所得税后的利润,在弥补以前年亏损、提取法定盈余公积和公益金后,可以支付优先股股利;其余部分,尚需提取任意盈余公积,然后才能支付普通股股利。

股份制企业在分配股利时,先要计算本年可供分配股利的全部利润。本年可供分配股利利润为上年结存未分配利润与本年税后利润作各项扣除后的余额之和。用计算公式表示为:

可供优先股分配的利润=上年结存未分配利润+本年税后利润-弥补以前年度亏损-提取法定盈余公积金-提取公益金

可供普通股分配的利润=可供优先股分配利润-分配优先股股利-提取任意盈余公积金

企业可供普通股分配利润在分配普通股股利后的余额,为企业年末积存的未分配利润额。

在会计实务中,企业分配股利时一般先由董事会根据国家规定、企业章程以及各方面的实际情况,确定用作股利分配的利润数,然后将其除以总股本,计算出每股股利,每位股东应得的股利等于每股股利与该股东所持股数的乘积,发放股利一般采用现金股利、股票股利等方式进行。

6. 年终利润结算

年终,企业必须进行利润与利润分配的结算,即将"本年利润"和"利润分配"两个账户的记录进行结转。有关结转事项应通过"利润分配——未分配利润"账户进行。一般企业年终利润结算的程序和方法如下。

第一,将本年度净利润从"本年利润"账户转入"利润分配——未分配利润"账户。若结转年度净利润,应借记"本年利润"账户,贷记"利润分配——未分配利润"账户,贷记"本年利润"账户。

第二,将本年已分配的利润,从"利润分配"账户下的其他各明细账户转入"利润分配——未分配利润"明细账户。若结转"利润分配"账户下的其他各明细账户的借方余额,应借记"利润分配——未分配利润"明细账户,同时分别贷记"利润分配——应交特种基金""利润分配——提取盈余公积""利润分配——应付利润"等明细账户。若结转"利润分配"账户下其他有关明细账户的贷方余额,应借记"利润分配"账户下的其他各明细账户,贷记"利润分配——未分配利润"明细账户。

第三,结算出"利润分配——未分配利润"明细账户的年末余额。其贷方余额,表示历年积存的未分配利润;若为借方余额,则表示历年积存的未弥补亏损。

通过上述结转后,除"利润分配——未分配利润"明细账户有余额外,"利润分配"账户下的其他明细账户,以及"本年利润"账户应无余额。

三、"互联网＋"对盈利模式的影响

许多学者都认为互联网会对盈利模式产生积极的影响。如 Kamoun F(2008)认为互联网有利于盈利模式的创新,能够帮助企业更好地实现自身商业价值。同样,李存金、武玉青(2019)也认为互联网能给企业带来新的盈利模式,可以增强企业的综合实力。Bucherer E、Uckelman D(2011)认为互联网企业因为经营活动的可视化,会有助于其提高内部管理能力和对市场变化的灵敏度。而 John Eklund、Rahul Kapoor(2019)却指出互联网对盈利模式的影响是不确定的,但是他认为互联网时代企业所面对的压力和企业特定资产的规模是成正比的。除此以外,还有学者针对盈利模式的某一个要素,研究互联网对盈利模式的影响。比如童有好(2015)从产品的角度出发,认为由于互联网技术的存在,使得产品与产品,产品与企业之间实现了互联,从而让产品更具智能化,竞争力更强。最具代表性的例子就是互联网家电,如空调、电视等都可以通过手机实现远程操控。Chris Anderson(2012)从销售渠道来研究,认为互联网能够拓宽产品的销售渠道,使产品以更低的成本在更多的场景展示给更多的客户。王喜文(2015)从生产经营方式角度考虑,认为通过互联网可以改变制造业的生产方式,其驱动力从传统的资源转变为了信息。智能化生产设备可以帮助制造业实现生产链条的互联,从而让生产过程实现可视化和数字化。邢纪红、王翔(2019)基于客户角度,认为企业应该以客户为中心,利用互联网技术来改变企业的业务逻辑,从而创新企业

第五章 "互联网＋"背景下企业财务会计及其管理优化研究

的盈利模式。由此可以看出,"互联网＋"大背景下,企业通过优化创新某一个或多个盈利模式构成要素从而实现了整体盈利模式的创新。①

第四节 "互联网＋"背景下的财务管控与成本管理

一、"互联网＋"背景下编制全面预算的策略

预算编制体系的完善是一个长期的动态的过程,在"互联网＋"背景下,对企业预算管理的要求也会越来越高,完善编制全面预算体系需要不断适应企业发展要求,提供强而有力的管理支持。具体来说,在"互联网＋"背景下编制全面预算的策略主要包括以下几方面(图5-7)。

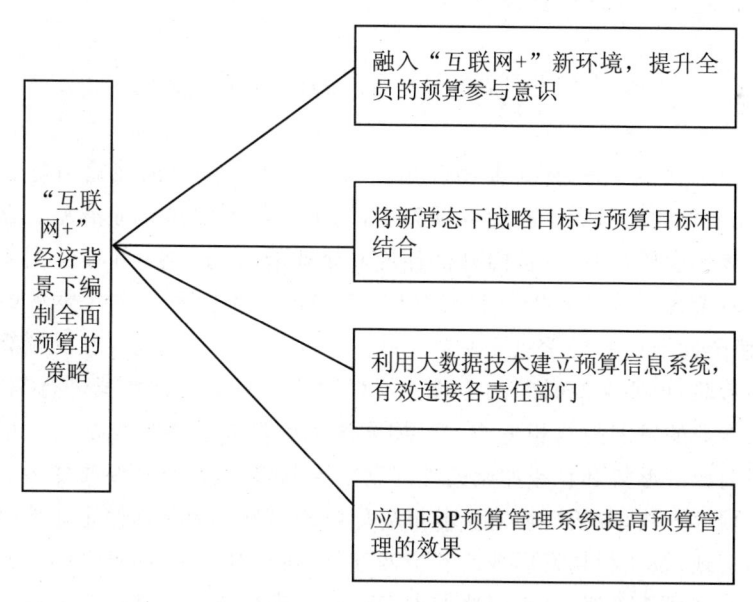

图5-7 "互联网＋"背景下编制全面预算的策略

---

① 任雅辉."互联网＋"背景下美的集团盈利模式研究[D].河北经贸大学,2021.

(一)融入"互联网+"新环境,提升全员的预算参与意识

随着社会的不断发展,"互联网+"也对预算编制提出了更加迫切的要求。企业应向员工普及预算的基本知识,使员工充分了解部门工作与全面预算管理的关系,从而提高业务人员水平,确保预算支出的准确性。预算编制者是预算工作的主体,对提高全面预算的有效性起着关键作用。因此,在预算编制前应加强对编制人员的培训,使编制人员努力提高自身的工作能力。同时,作为一种科学的预测,预算应该是稳定的,不能随意变动。

预算开始时有一个假设,这一假设不能随意改变,否则将导致预算偏差。因此,在预算编制的初期应特别注意对预算进行相应地调整。企业的预算需要在企业内部仔细调整。除非受到不可控因素的影响,对企业原预算的执行有很大影响,否则只有在得到企业管理者和决策部门的批准后才能进行调整。企业调整预算的时间一般为半年一次,一定要优先保证企业所需的经营资金,保证企业的正常经营。

(二)将新常态下战略目标与预算目标相结合

在编制预算时,首先要明确预算目标始终与企业的战略目标相统一,并细化到项目预算和业务预算中,以确保其不偏离企业战略。在编制初步年度预算时,分析内外部环境对企业战略的影响,并在编制年度预算时考虑到这一影响。只有这样,编制预算才能紧跟时代发展的需要,使全面预算更科学地反映企业目标。这一预算目标既要经受预算专家的考验,也要经受时间的考验。预算进度应根据运营情况进行判断,并与企业的发展战略相适应。汇编方法也应具有适当的灵活性。根据对当前经济形势和日益加剧的外部竞争压力的分析,有必要改变传统的固定预算方法,分析环境对企业市场环境的影响。为了确保企业战略目标的实现,企业根据发展战略、"十四五"计划和财务"十四五"规划,开始编制五年预算手册,这将最终有助于企业战略与全面预算战略的协调一致,有效保障企业"十四五"规划的实施。"十四五"预算从经济规模、经济效益、经营质量、经营风险和企业价值五个维度比较了企业各部门的指标。同时,"十四五"预算还以企业主要预算数据和行业数据为基准,

第五章 "互联网+"背景下企业财务会计及其管理优化研究

协调、均衡地发展。

(三)利用大数据技术建立预算信息系统,有效连接各责任部门

在"互联网+"背景下,将根据企业战略,全面规划和大力推进企业统一的财务信息化系统。按照"试点先行、分批推进"的原则,在部分成员单位实施和应用全面预算管理体系。通过企业全面预算管理体系建设,推进以战略为导向的全面预算管理,贯彻统一选择、分级组织、试点先行、分步实施的原则。企业完成了全面预算管理系统的软件选型和试点应用,逐步建立了适合不同业务类型发展的全面预算管理体系。在此基础上,在企业范围内全面推广。企业的预算控制应以战略为导向,通过层层分解实施。信息化如果不能有效实施,就需要完善的信息系统的支持。

预算可以逐步细化,做到全员预算、全面预算、全过程预算,让更多业务部门参与预算编制过程,避免以往财务部门采用全面预算的现象。通过预算信息化,可以实现更多相关部门的业务预算。所有部门填写各自的相关信息后,财务部门可以打开报告,查看自动汇总结果。对于高级管理人员来说,信息化的实现可以使管理人员及时了解企业运营计划和战略规划。

(四)应用 ERP 预算管理系统提高预算管理的效果

基于 ERP 的预算管理系统是先进信息技术与管理理念的结合,可以减少预算编制的工作量,提高预算管理的效果和效率。ERP 预算系统的先进性逐渐得到人们的认可和广泛应用。建立预算信息系统的目的是提高预算编制效率,减少数据录入等基础工作;实现资源共享,提高数据准确性;使预算编制过程标准化。用友 NC 是较为成功的综合财务管理软件之一,是用友旗下面向企业的综合财务管理软件。NC 系统可以改善使用电子表格编制预算的原始问题。系统赋予每个人相应的准备权限和职责,相关人员提交相应的预算数据申请,系统自动生成预算报告,确保数据安全。通过数据共享,减少了财务人员汇总数据的基础

工作,有利于提高预算编制效率。NC预算系统的引入将企业收入、成本和成本数据集成在同一平台上。多系统集成可以提高企业运营的协调性,实现企业对市场和周围环境的快速响应。

二、"互联网＋"背景下企业降本增效的措施

概括来说,"互联网＋"背景下企业降本增效的措施主要包括以下几种(图 5-8)。

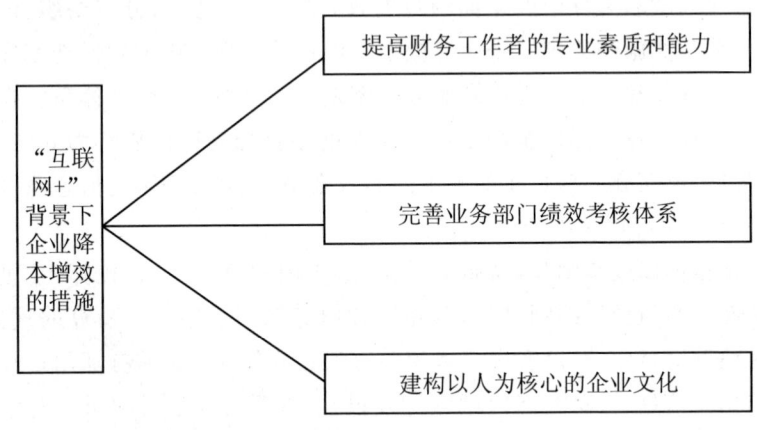

图 5-8　"互联网＋"背景下企业降本增效的措施

(一)提高财务工作者的专业素质和能力

在"互联网＋"背景下,财务工作者应具有较高的专业素质和能力。他们需要掌握企业的行业特点等综合运营条件,通过一系列环节掌握企业的业务,参与运营,有效支持业务发展,从而达到理想的成本管理效果。

(二)完善业务部门绩效考核体系

"互联网＋"的经济背景要求财务部门全面深入地把握业务部门的绩效,将财务绩效评估体系应用于业务部门,不再采用只注重业务指标、

第五章 "互联网十"背景下企业财务会计及其管理优化研究

忽视成本效益的评估模式,指导业务部门实现经济效益与业务指标的协调发展,以达到降低成本、提高效率的目的。

(三)建构以人为核心的企业文化

企业需要构建以人为本的企业文化,充分发挥员工的智慧和力量,推动财务控制和成本管理的发展。此外,企业应关注员工的学习、生活和生产,让员工真正感受到企业的人文关怀。

第六章 "互联网+"背景下的会计信息系统发展前沿

改革开放以来,中国的经济飞速发展,以计算机技术为代表的信息产业更是发展迅速。会计信息化正是会计与信息技术融合的产物,是企业信息化的重要组成部分。以计算机为工具的会计信息系统,有效地提高了会计工作的效率、质量,它也将促进企事业的改革,提高管理水平,为企事业的管理现代化奠定了基础,可以说,它是会计学科发展过程中的一次革命。本章即对"互联网+"背景下的会计信息系统的相关知识进行简要研究。

第一节 会计信息系统建设

一、会计信息化概述

(一)会计信息化的概念

会计信息化就是信息技术和会计信息系统融合的过程,即以计算机及网络通信技术为手段,运用会计信息处理软件对与企事业单位有关的会计信息资源进行深度开发和广泛利用,以向利益相关者提供多方位信息服务的过程。会计信息化程度主要反映在所使用的技术手段上,取决于经济业务和技术的发展,经济业务的发展导致新的业务形式和业务信

第六章 "互联网+"背景下的会计信息系统发展前沿

息需求的变化;技术(信息技术和管理技术)的发展带来了会计目标和相应会计思想的变革。①

(二)会计信息化的特征

会计信息化具有显著的特征,如表 6-1 所示。

表 6-1　会计信息化的特征

会计信息化的特征	具体阐述
互动性	会计信息系统的互动性主要体现在以下两方面。 第一,不同的业务人员向单位同一数据库录入数据信息,系统自动转化成会计信息,不同的信息使用人输入自己不同的需求参数可以使系统输出不同要求的信息报告,获得自己所需要的信息。 第二,信息使用人可以通过对系统的数据处理流程加以调整和改进,来满足特定的信息需求
开放性	会计信息系统实时地处理随时被录入的各相关业务数据,并根据要求输出不同的报告,这决定了会计信息化的开放性
动态性	会计信息化的动态性主要表现在以下几方面。 第一,从会计信息系统角度讲,随着经济及计算机通信技术的发展,会计信息系统在会计核算、会计管理、会计业务一体化、全面网络会计各阶段间,从低到高逐步进化完善。 第二,从会计数据角度讲,无论是单位内部的数据还是单位外部的数据。无论什么时间什么地点,一旦发生,都将实时进入会计信息系统中进行分类、计算、更新、汇总、分析等一系列处理操作

---

① 万希宁,郭炜. 会计信息化[M]. 武汉:华中科技大学出版社,2009.

续表

会计信息化的特征	具体阐述
集成性	具体来说,会计信息化的集成性特点主要表现在以下几方面。① (1)同一个时间点上,集成具有三个层面的信息。 第一,在会计部门内部实现会计信息和业务信息的一体化集成,即实现会计账簿各分系统之间的信息集成。 第二,在企事业单位内部实现会计信息和业务信息的集成,在两者之间实现无缝连接,真正融合在一起。 第三,建立企事业单位与外部利益相关人的信息集成。 (2)在时间链上集成与企事业单位相关的历史、目前、未来的所有信息。 (3)统一业务的多重反映。比如,固定资产折旧的计算,现行会计制度规定可以在历史成本的基础上选定一种方法,现在可以选择多种方法同时计算,作为决策的参照
渐进性	会计信息化的渐进性主要表现在以下几方面。 第一,从发展历程来讲,会计信息化经历的会计核算、会计管理、会计业务一体化、全面网络会计等发展阶段可以看出会计信息化是逐步递进的一个过程。 第二,从技术上讲,从1946年世界上第一台计算机诞生时只是简单的数值计算,到今天我们可以运用计算机技术从事航天、军事等复杂问题的研究,这种进步是渐进性的。 第三,从会计信息系统的角度讲,按系统论的观点,系统是一个有着特定功能的有机整体,这种功能的完善是一个漫长的过程

(三)会计信息化的作用

会计信息化具有重要的作用,概括来说主要包括以下几方面(表6-2)。

---

① 张素云.高校会计信息化教学研究[M].杨凌:西北农林科技大学出版社,2010.

第六章 "互联网十"背景下的会计信息系统发展前沿

表 6-2　会计信息化的作用

会计信息化的作用	具体阐述
促进会计工作规范化	目前,我国的会计基础工作尚很薄弱,而较好的会计基础和业务处理规范是实现会计信息化的前提条件。会计信息化的实施,要求会计工作人员熟练掌握会计软件的功能,按照会计软件所确定的流程及要求进行标准化、规范化的操作,从而在客观上促进了手工操作中问题的解决。因此,会计实现信息化的过程,也是促进会计工作规范化的过程
提高工作效率	在传统的会计信息系统中,会计信息工作的处理全部都要人工来完成,所以处理的效率非常低,速度慢,而且容易出现错误。在实现了会计信息化之后,大大解放了人工劳动力,提高了速度和减少了出错率,工作效率大大提高
提升会计信息的全面性、及时性和准确性	在手工操作情况下,企业会计核算工作无论在信息的系统性、及时性还是准确性方面都难以适应经济管理的需要。实现会计信息化后,大量的会计信息可以得到及时、准确的输出,对提升会计信息的全面性、及时性和准确性具有重要意义
提高会计人员的素质,促进会计工作职能的转变	会计信息化可以使广大财会人员从繁重的工作中解放出来,从而有更多的时间和精力去学习,提高自身的知识水平。会计人员为适应会计职能转变与深化的需要,必须不断提高自身的专业素质,加强对计算机信息处理、网络技术、财务管理等方面知识的学习与掌握,以提高自身素质,应对会计信息化发展的需要

(四)会计信息化的基本内容

会计信息化的基本内容如图 6-1 所示。

```
                    ┌─────────────────────┐
                    │  会计信息化的基本内容  │
                    └─────────────────────┘
              ┌────────────┼────────────┐
   ┌──────────┴──┐  ┌──────┴──────┐  ┌──┴──────────┐
   │ 强化会计控制 │  │ 优化财务会计 │  │ 建立面向决策 │
   │ 系统和审计系 │  │ 软件功能，保 │  │ 的网络化、无 │
   │ 统的功能     │  │ 证其信息输出 │  │ 纸化、实时性 │
   │              │  │ 的可靠性与安 │  │ 的会计信息   │
   │              │  │ 全性         │  │ 系统         │
   └──────────────┘  └─────────────┘  └─────────────┘
```

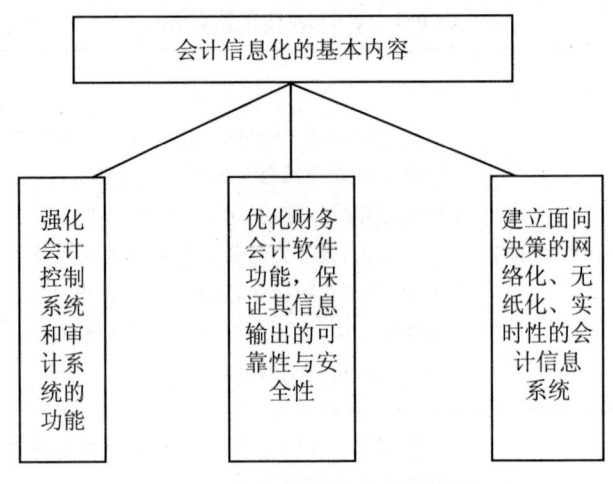

图 6-1　会计信息化的基本内容

1. 强化会计控制系统和审计系统的功能

信息技术应用于会计领域之后，其系统控制的功能只能加强而不能削弱，这是因为，信息化会计系统是一个人机系统，其控制要涉及人、计算机硬件和计算机软件等诸多方面，特别是网络技术的应用，给会计信息的安全可靠性带来很多隐患。因此，下大力气研究会计控制系统也就显得至关重要。目前，我国审计系统的开发与应用已经逐步展开，但因为步伐不快，所以在一定程度上制约了会计信息化的发展。因此，针对日臻完善的财务会计系统研制审计系统，是当前我国会计信息化的重要内容。

2. 优化财务会计软件功能，保证其信息输出的可靠性与安全性

以货币为基础所产生的会计信息，在提供企业经营决策支持中占有举足轻重的地位。企业信息化程度的高低和质量的优劣，很大程度上取决于会计信息化的进展情况。但随着网络技术的深入应用，随着电子商务、电子政务的快速发展，会计信息化有其更深的内涵和更广阔的外延。

在会计实际应用方面，会计既然有财务会计与管理会计之分，会计信息化也就包括了财务会计信息化与管理会计信息化。因此，深入细致地研究网络条件下财务会计与管理会计之间的数据联系，是进一步搞好

第六章 "互联网+"背景下的会计信息系统发展前沿

会计信息化的关键。

从技术层面上看,网络技术、事件驱动技术、数据仓库(DW)、数据挖掘(DM)、联机分析处理(OLAP)等先进的信息技术,将可能改变会计格局,促使会计信息增值。同时,积极采用最新安全技术以保证会计信息的可靠与完整,将是今后会计信息化的重要内容。而开发支持企业经营决策的智能化管理(会计)软件,也将是未来信息技术应用研究的重点。

3. 建立面向决策的网络化、无纸化、实时性的会计信息系统

近期,我国会计核算信息化的重点将是可扩展商业报告语言(XBRL)的引进与应用,同时,解决我国众多软件长期以来存在的数据接口标准不统一、不规范的问题,为计算机审计的深入开展打好基础。借助于信息技术规范会计核算子系统的数据源,也是近期内必须解决的问题。记账凭证的输入与生成的正确性如何,直接关系到会计核算的信息化水平。逐步使软件自动根据原始凭证生成记账凭证,最终使所有的记账凭证全部由软件自动生成,是会计核算信息化的当务之急。未来一段时期会计信息化的任务是,进一步提高财务会计子系统的会计准则与会计制度遵行性。在此基础上,探讨如何使财务会计子系统最大程度地提供多元化信息的输出问题。

(五)会计信息化的基本环节

1. 会计数据源、数据采集与数据输入

(1)会计数据源

会计数据源分布是一种客观存在,是数据长期运动的结果。会计数据源的分布及其变化的规律性是会计数据源研究的主要内容。

(2)会计数据采集

一旦确定了会计数据源的格局后,这时的工作重点就转移到会计数据的采集方面了,选择是数据采集的核心。这就要求数据采集人员应做到:第一,要摸清用户的主要信息需求;第二,要选准能够满足用户主要信息需求的核心资源。

会计信息化的基本环节如图 6-2 所示。

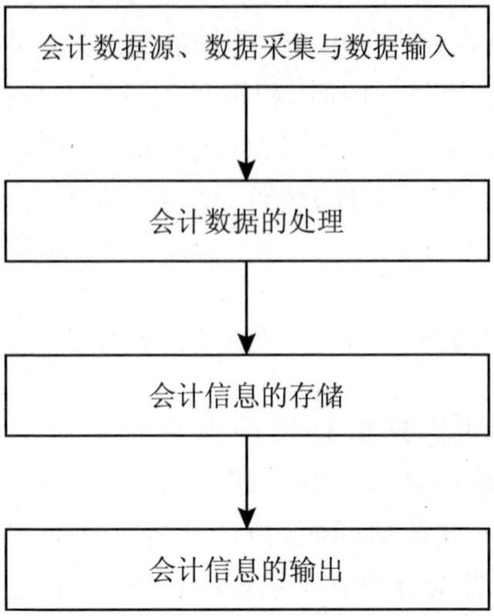

```
会计数据源、数据采集与数据输入
        ↓
    会计数据的处理
        ↓
    会计信息的存储
        ↓
    会计信息的输出
```

图 6-2　会计信息化的基本环节

(3)会计数据输入

会计信息系统所处理的数据均来自既定企业组织的交易或事项。在传统会计信息系统中,主要依赖人获取或接收各种经营事项或交易所产生的数据。而在会计信息化的过程中,交易或事项数据的输入可以采用非联机输入或联机输入的方式,或者是两者兼用。非联机输入是指先由一些直接与计算机系统相连接的设备以非在线的形式执行交易或事项数据的初始输入,联机输入是指通过与计算机系统直接连线的设备执行交易或事项数据的输入。

2. 会计数据的处理

会计数据处理是指把收集来的原始数据进行加工使之成为二次信息的活动,是会计信息化过程中不可缺少的环节。如果没有这一步,数据永远也只能是数据,采集的数据再多也是无用的。

3. 会计信息的存储

会计信息存储是将信息保存起来,以备将来应用。会计信息存储包括物理存储和逻辑组织两个方面。也就是说,会计信息存储不仅强调存储设备,更强调存储的思路。

4. 会计信息的输出

经过既定应用程序的处理,会计信息系统将根据使用者的不同需要产生多样化的输出,无论是在内容上,还是在形式上。会计信息化环境下,会计信息的集成度(包括会计部门内的集成、企业组织内的集成、企业组织之间的集成三种形式)更高,输出和传输的面更广,传输的速度更快,因而会计信息的受益者就更多,获取会计信息也就更加及时和便捷。

(六)会计信息化的实施条件

会计信息化实施的条件主要包括以下几种(图6-3)。

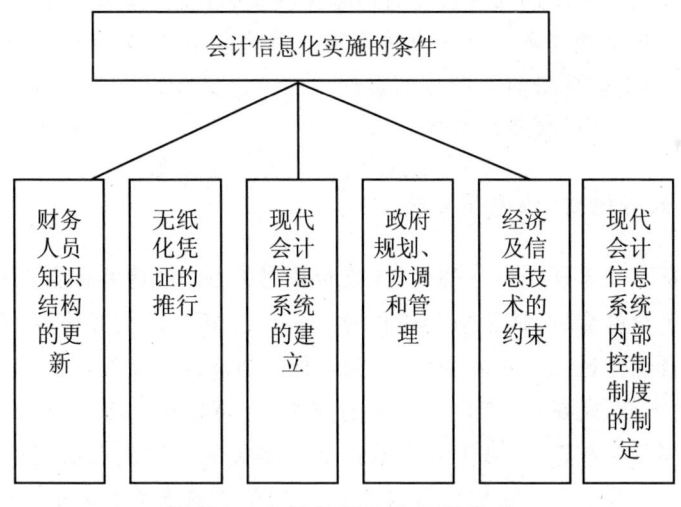

图 6-3 会计信息化实施的条件

1. 财务人员知识结构的更新

在高度的会计信息化阶段,会计人员不仅要及时地运用扎实的专业知识对进入会计信息系统的业务数据进行会计判断和选择,还要利用娴熟的计算机知识编制满足不同信息使用者的特定会计报告,更为重要的是，会计人员还要利用丰富的经济学、管理学知识解析和拓展会计信息系统输出的会计信息，为决策者提供最佳的业务预测和决策建议。所以，只有财务人员的知识结构及时更新，才能保障会计信息化的顺利实施。

2. 无纸化凭证的推行

随着信息化程度的不断提高，会计信息的数据来源逐步走向无纸化，这是会计信息化提高的结果，也是会计信息化的必然要求。虽然这些原始电子数据必须通过人脑的会计确认才能进入会计信息系统，但在原始数据全部电子化以后，电子签名将代替手工纸制签名，原始凭证的表现形式将发生革命性的变化。

3. 现代会计信息系统的建立

会计信息系统的完善标志着信息化的发展程度，而采用何种会计软件则是信息系统完善与否的直接体现。目前运用现代计算机及网络通信技术，围绕信息增值而设计的会计软件少之又少，所提供的能支持管理/决策的会计信息非常有限。

4. 政府规划、协调和管理

在信息技术逐渐发达的今天，政府必须从国民经济和社会发展的全局出发为全社会、全体企事业单位营造一个良好的社会环境，对企业信息化建设工作进行宏观规划、协调和管理。当前信息化经济是一个集供应商、生产商、营销商、客户为一体的产业链，同时和工商、银行、税务等政府机构紧密相连，客观上要求与产业链相关的各方面都实现信息化，都能在网络环境下自由完成各自的业务活动，实现各自的职能。所以只有在社会上全面、规模地实现信息化，并且政府真正起到规划、协调、管理的作用，才能真正达到会计信息化的要求。

5. 经济及信息技术的约束

在社会的不同历史阶段，经济及信息技术的发展水平不同，对会计的影响也不相同。会计信息化的发展程度受所处时代经济及信息技术

第六章 "互联网+"背景下的会计信息系统发展前沿

水平的影响和制约,并反映着一个时代经济及信息技术的发达程度。目前,随着计算机网络通信技术的发展和电子商务等新经济业务形式的出现,我国正逐步走进高度会计信息化阶段。

6. 现代会计信息系统内部控制制度的制定

任何一个系统的有效运行,都需要相关控制制度的建立和完善。会计信息系统也不例外。尽管传统会计内部控制制度在电算化阶段得到了及时的更新和完善,但网络环境比单机甚至局域网要复杂得多。会计信息系统使得相关的不同部门的不同人员在不同地点的不同微机终端上完成相关业务数据的录入并通过网络进行传输,业务数据的会计转化由计算机自动完成并保存。可以看出,会计信息化系统的内部控制由对人的内部控制转变为对人、机控制并重。制定严密完善的内控制度保证会计信息系统对业务活动准确、完整、及时的安全反映是会计信息化成败的关键。

总之,随着全球经济的进一步融合和计算机及网络通信技术的进一步提高,构建高度开放的、具有智能化、实时处理能力的会计信息系统已是会计发展的必然趋势。

二、会计信息系统的概念

会计是经济管理的重要组成部分,随着经济的不断发展和管理理论水平的不断提高,会计的职能不仅包括核算和监督经济活动过程,而且还包括参与经济活动的管理控制和预测决策。会计信息系统是以电子计算机为主要工具,利用现代信息技术,对各种会计数据进行收集、处理、存储和分析,并为用户提供所需的各种会计核算信息和财务管理信息的计算机信息系统。它与其他信息系统的主要区别在于它的处理对象是会计数据。[1]

---

[1] 王爆忠. 会计信息化[M]. 成都:电子科技大学出版社,2004.

三、会计信息系统的特点

与其他管理信息系统相比,会计信息系统具有显著的特点,概括来说主要包括以下几方面。(图6-4)

```
                    ┌─────────────────────────────────┐
                    │         数据处理量大              │
                    └─────────────────────────────────┘
会
计                  ┌─────────────────────────────────┐
信                  │ 数据的真实性、准确性和安全性要求高 │
息                  └─────────────────────────────────┘
系
统                  ┌─────────────────────────────────┐
的                  │      数据处理方法要求严格        │
特                  └─────────────────────────────────┘
点
                    ┌─────────────────────────────────┐
                    │    与其他子系统的数据关联密切    │
                    └─────────────────────────────────┘
```

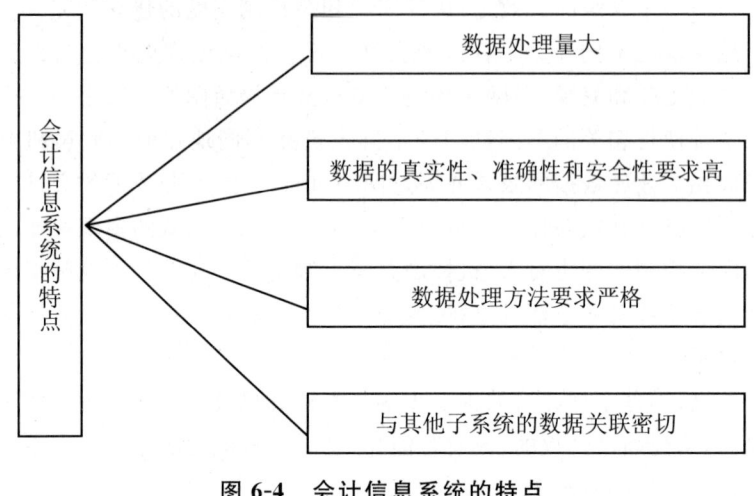

图6-4 会计信息系统的特点

(一)数据处理量大

在一个单位中,每一笔现金、银行存款、应收款和应付款等款项的收支变动,每一项物资、设备、工具等的数量增减和规格变化,不论大小,都必须进行登记,参与系统的核算,所以会计信息系统的数据处理量特别大,有人估计会计数据要占管理信息系统全部数据的60%~70%。

(二)数据的真实性、准确性和安全性要求高

会计数据的真实性和准确性,不仅关系到是否能正确反映企业经济活动的真实情况,而且影响到国家、企业和职工之间利益的分配,所以要求会计数据十分真实和准确,在数据处理过程中,对每一项数据都要进行验证和审核。另外,会计数据是企业重要的经济信息,有一

定的保密性,一般不能随便泄露,因而对会计数据应采取一定的安全保密措施。

(三)数据处理方法要求严格

在会计工作中,对各项经济业务的处理,都必须严格遵守会计准则和有关的规章制度。例如对工资、成本、利润、折旧、税金等的计算,在有关的规章制度中都有详细的规定。当这些规章制度变化时,相应的数据处理方法也应根据新的规章制度进行修改。

(四)与其他子系统的数据关联密切

会计信息系统是管理信息系统中的一个重要子系统,它与其他子系统之间有着数据输入和输出的紧密关系。

四、会计信息系统的影响因素

影响会计信息系统的因素主要有以下几个方面(表6-3)。

表6-3 会计信息系统的影响因素

会计信息系统的影响因素	具体阐述
会计业务的组织形式	随着规模的扩大,在业务上需要分工,规模越大,分工越细。分工的形式一般是按业务内容分成几个组,在每个组内又按业务内容进行分工,由若干人完成
规模的大小	规模的大小主要指人数、固定资产规模、产值产量、销售业务量、管理的组织模式。在不同的规模下,会计的业务量不同,会计的要求也不同
单位内部的组织形式	会计信息化的物理组织模式一般分为集中核算组织模式和分散组织模式两种。在集中核算组织模式下,各业务核算部门的房间一般都相邻。在分散组织模式下,某些核算科室相距较远

续表

会计信息系统的影响因素	具体阐述
对业务分析的要求	在不同规模的单位里,对业务分析的要求不同。 (1)小规模单位 小规模单位,由于业务量小,数据不多,并不需要计算机辅助分析和管理,会计信息化的目的主要是用计算机替代手工记账和完成报表的编制工作。 (2)中等规模的单位 中等规模的单位,业务分工较细,需要各个核算模块辅助会计核算。 (3)大规模的单位 大规模的核算单位,业务分工很细,数据量大,对会计提供信息的速度和质量都有较高要求,各个业务核算科部门之间往往有一定的距离,必须有各核算模块辅助整个会计核算

五、会计信息系统的模式

(一)会计信息系统的物理组织模式

1. 单机组织模式

单机组织模式是在一台计算机上运行会计信息系统,这种模式具有显著的优缺点。

(1)单机组织模式的优点

投资比较少,并且后期维护起来比较简单,比较适合业务量不大的单位使用。

会计信息系统的物理组织模式主要有以下几种(图6-5)。

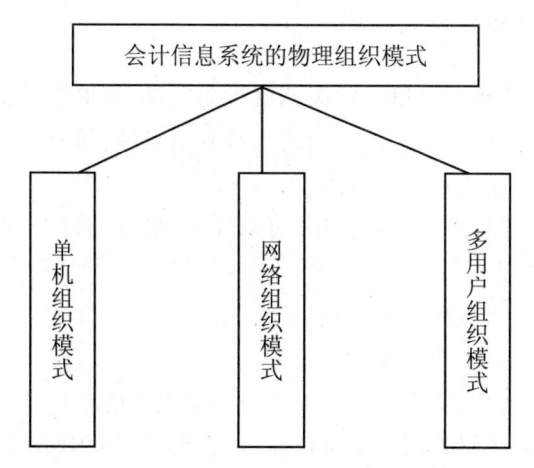

第六章 "互联网十"背景下的会计信息系统发展前沿

图 6-5 会计信息系统的物理组织模式

(2)单机组织模式的缺点

单机组织模式也具有明显的缺点，概括来说主要包括以下几方面。

第一，每次在处理数据时只能一个人进行，非常不方便。

第二，实时性比较差，因为不可以同时处理多项业务。

第三，信息的共享性比较差。

第四，不适合业务量大的单位。

2. 网络组织模式

网络组织模式是以一台高档微机为服务器，另外根据需要连接若干工作站。这种模式也具有明显的优缺点。

(1)网络组织模式的优点

第一，可以共享数据。

第二，实时性比较好，可以多人同时处理多项业务。

第三，工作站的数量可以很多，具有极强的适应性。

第四，适合业务量比较大的单位使用。

(2)网络组织模式的缺点

网络组织模式的缺点是投资相对较高，维护难度相对较大。

3. 多用户组织模式

多用户组织模式是以一台高档微机为主机,另根据需要连接若干终端实现数据的集中处理。这种模式也具有明显的优缺点。

(1)多用户组织模式的优点

这种模式的优点是维护简单,可靠性高,投资也较少,能够实现会计数据的实时处理。

(2)多用户组织模式的缺点

第一,运行效率受主机影响很大。

第二,这种模式适用于业务处理量不是很大的单位。

第三,如果主机采用大中型计算机,就能实现大中型规模应用,但相应的投资和维护费用就会大大提高。

(二)集团会计信息系统模式

集团结构的组织是一种垂直模式,通过基层单位、中间单位的会计信息系统和集团会计信息系统构成。在集团会计信息系统中,全面预算和资金管理是属于业务运行管理和监控的系统。全面预算管理是由一系列预算构成的体系,各项预算之间相互联系,关系比较复杂。全面预算管理是以企业的经营目标为基础,以销售额为出发点,进而延伸到生产、成本、费用和资金收支的各个方面,最后编制预计财务报表的一种整体预算。作为集团企业,资金的管理极其重要,主要包括以下五方面。

第一,有效地利用资金沉淀,降低财务费用。

第二,通过资金运作,发挥集团资金效益。

第三,优化流程,提高效率。简化业务流程,将结算中心的业务前移,提高结算中心的工作效率。

第四,加强资金监控。对资金使用情况进行全过程的监控,确保资金安全运行。

第五,加强资金预算和资金分析。对开户单位的资金流动做到事前预算、事中控制和事后分析。利用先进的计算机信息技术,自动产生资金日报,加强资金分析,辅助领导科学决策。

六、会计信息系统的开发

(一)会计信息系统开发的原则

会计信息系统开发必须遵循以下原则。

(1)必须符合财政部颁发的各项会计制度及国家有关政策、法令。但是,在会计数据修改和内部控制制度等方面,应根据电算化会计信息系统的特点加以修改,并建立一套更为严格的管理制度。

(2)严格按照计算机软件开发规范的要求,使开发工作更加科学有效。

(3)线性与模块相结合的系统结构。一个好的电算化会计信息系统,其系统各部分应关系清晰,简单明了,这样既可减少错误,又使系统具有一定的灵活性,便于调试和修改。

(4)采用"自顶向下发展"的系统分析与设计方法。先从总体概括描述会计信息系统,然后对其下一层进行描述,直到满足用户使用要求为止。

(二)会计信息系统开发的目的

根据企业领导决定的目标,依照企业会计业务处理目标,执行会计业务处理程序及国家有关法规,建立一个电算化的新系统。

(三)会计信息系统开发的要求

会计信息系统开发的要求如表 6-4 所示。

表6-4　会计信息系统开发的要求

会计信息系统开发的要求	具体阐述
具有实用性和正确性	符合用户要求,能正确反映用户的现实环境,要包括用户需要处理的全部数据,支持用户需要进行的所有"加工"
具有经济性	按用户拥有的人力和财力,选用适当的工作方式,能被现有的数据库管理系统所接受,力求投资少、见效快
具有较高的质量	第一,效率高,主要体现在能较快地响应用户的查询,而且打印账簿和报表所用时间较少。第二,可靠性高,硬件和软件平均故障时间较短。第三,具有可修改性,指设计方案、数据方案具有灵活性,易于修改,以满足用户的需要
严格划分工作阶段,制定周密的工作计划	每个阶段应明确目标和任务,循序渐进,并在开发过程中加强管理,避免导致返工,造成不应有的损失
建立标准化的阶段文档资料	开发过程中每个阶段的工作成果,都应以文字、图表等形式做详细的记录,阶段工作完成后要编制一定的文件,并符合标准化的要求,以便于开发过程中各类人员、各个环节、各个阶段之间的交接和管理

(四)会计信息系统开发的基本观点

会计信息系统开发的基本观点如表6-5所示。

第六章 "互联网+"背景下的会计信息系统发展前沿

表6-5 会计信息系统开发的基本观点

基本观点	具体阐述
系统的观点	会计信息系统必须用系统的总体观点来开发一个会计信息系统,会计信息系统中任何一个子系统都是整个系统中的一个组成部分,它必然有不少的信息是全系统的共享信息
阶段性观点	会计信息系统的开发有一个较长的开发周期,这个开发周期是分阶段完成的,每个阶段必须规定明确的任务和成果
面向用户观点	在开发过程中,对一个系统开发人员来说,必须具有这样的观点:"不是我来设计,你来用",而应该是"我来设计,为了你使用"。更明确地说是:"我们一起来设计,共同为了用户使用"
领导者自始至终参与的观点	会计信息系统的开发影响到会计管理工作的制度和方法,也会涉及管理机构的变化。因此,对使用单位的影响面广,涉及的人员多。最高层领导不仅要热心于系统的开发,同时还必须亲自参与和领导。整个开发过程要坚持"一把手原则"

(五)会计信息系统开发的过程

1. 系统调查

系统调查是系统开发人员对应用单位的各部门的业务处理,进行调查了解并收集有关资料,提出当前业务处理过程中存在的问题,在此基础上进行可行性研究,确定是否有必要建立新系统以及建立新系统的可能性。

2. 系统分析

系统分析是指对现行系统的业务处理过程进行详细研究后,找出现有系统存在的问题,并提出新系统的逻辑模型。

会计信息系统开发的过程如图6-6所示。

图 6-6　会计信息系统开发的过程

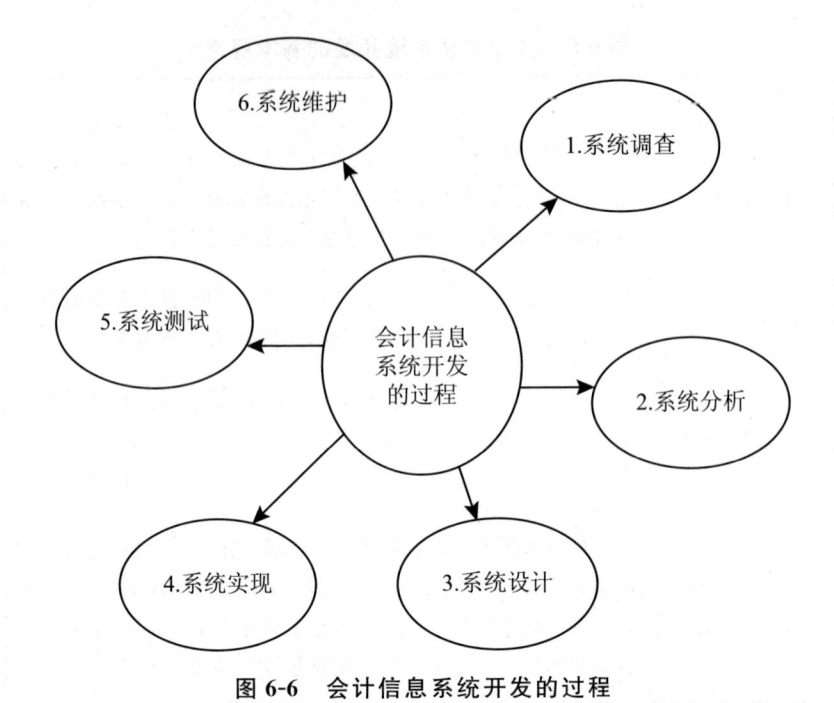

系统分析的目的是解决系统究竟"干什么",而不是"如何干",即明确系统的目标、系统界限以及系统的基本功能等。

3. 系统设计

系统设计是指在系统分析的基础上,根据软件的逻辑模型建立物理模型,确定软件的具体实现方案。系统设计的目标是设法以最优的方式把系统内各组成部分联结在一起,形成一个组织良好的系统结构,使得系统具有较高的运行效率、较强的可修改性、较高的可靠性、较灵活的可扩展性和可集成性。

4. 系统实现

系统实现也称为"编码"或"程序设计",它是指按照系统设计说明书的要求,主要是模块结构图与模块说明书,把系统中每一个功能模块用某种程序语言或某种开发工具予以实现,做出可在计算机上执行的程序代码的过程。系统实现的步骤如下。

第六章 "互联网+"背景下的会计信息系统发展前沿

第一，了解实际使用的计算机、操作系统、语言及开发工具、数据库系统等计算机系统的性能与环境。

第二，充分理解系统设计说明书。

第三，在明确与理解以上两方面内容的基础上，考虑在机器上如何实现，并用某种描述工具把这种考虑勾画出来，即对每个模块设计具体的处理过程。

第四，以模块为单位进行编码，即做出可在计算机上执行的程序代码；通过人工方式静态地对程序进行扫描，找出其中的错误，进行检查及单元测试。

这样，通过对一个一个模块独立进行处理过程设计、编码及检查，就得到了各模块的程序，然后再将这些程序测试并连接装配成为一个完整的会计信息系统。

5. 系统测试

系统测试是指对新系统进行从上到下、全面的测试和检验，看它是否符合系统总体设计方案所规定的功能要求。这个定义强调，测试的目的是设法暴露程序中的错误。所以，能发现错误的测试才是良好的成功的测试。测试需要大量的人力。

6. 系统维护

系统维护是指系统日常运行过程中的相关技术，使程序和数据始终处于最新的正确状态。实践证明，新系统是否有比较长久的生命力，很大程度上取决于这两方面的工作。从信息系统的生命周期看，这是信息系统工程的最后阶段。系统开始正常运行后，随之而来的工作是系统维护。

软件系统维护的目的是使系统始终处于正常的运行状态，它包括解决系统运行时所发生的问题、错误与改进系统的功能这两个方面，前者称为修理，后者称为改造。随着会计信息系统环境和其他各种因素的变化，要及时对它进行维护。

(六)会计信息系统开发的方法

会计信息系统开发的方法如图6-7所示。

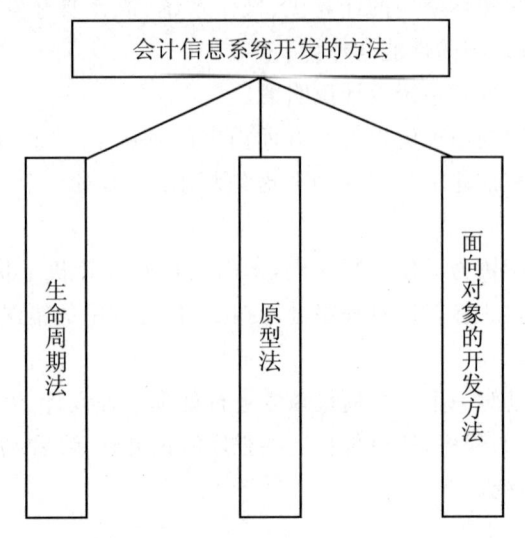

图 6-7　会计信息系统开发的方法

1. 生命周期法

生命周期法是指按系统生命周期的各个阶段划分任务，按一定的规则和步骤有效地进行系统开发的方法。生命周期法采用结构化系统分析和设计的思想，是迄今为止开发方法中最传统、应用最广的一种开发方法。其突出优点是强调系统开发过程的整体性和全局性，避免了开发过程中的混乱状态。

2. 原型法

原型法是 20 世纪 80 年代随着计算机技术的发展，特别是在关系数据库系统(RDBS)、第四代程序生成语言(4GL)的基础上出现的一种新的系统开发方法。原型法具有以下优点。

第一，原型法符合人类认识事物的规律，容易被人们接受。

第二，改善了信息的沟通状况，减少了设计错误的可能性，也降低了开发的风险，提高了用户的满意度。

第三，缩短了开发周期。原型法充分利用了最新的软件工具，改变了传统的开发过程，缩短了开发时间，费用也大大降低。

第四，适应性较强。

3. 面向对象的开发方法

面向对象的方法是一种分析方法、设计方法、思维方法和程序设计方法,使我们在分析、设计或实施一个系统时,使描述问题的空间和解决问题的方法在结构上尽可能一致,从而使设计出的系统尽可能直接地描述现实世界。

在面向对象的方法中,信息模型是面向对象分析的基础。信息模型由问题领域中的对象所组成,根据对象、属性及对象间的关系来规范问题领域中的信息。

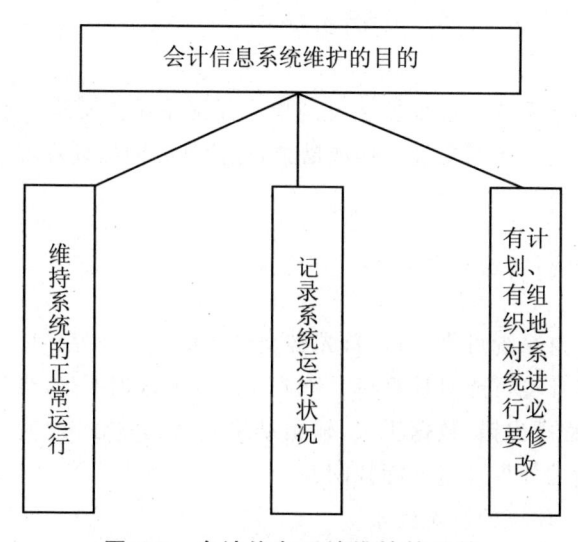

七、会计信息系统的维护

(一)会计信息系统维护的目的

会计信息系统维护的目的如图 6-8 所示。

```
              ┌─────────────────────────┐
              │  会计信息系统维护的目的  │
              └─────────────────────────┘
                 /          |          \
        ┌───────────┐ ┌───────────┐ ┌───────────────┐
        │维持系统的 │ │记录系统运 │ │有计划、有组织 │
        │ 正常运行  │ │ 行状况    │ │ 地对系统进行  │
        │           │ │           │ │ 必要修改      │
        └───────────┘ └───────────┘ └───────────────┘
```

图 6-8　会计信息系统维护的目的

1. 维持系统的正常运行

系统正常运行工作包括数据收集、整理、录入，机器运行的操作，处理结果的整理和分发，系统的管理和有关硬件维护，机房管理，空调设备管理，用户服务等。

2. 记录系统运行状况

这是科学管理的基础，也是进行系统评价的基础，包括及时、准确、完整地记录系统的运行状况，处理的效率，意外情况的发生及处理等。

3. 有计划、有组织地对系统进行必要修改

系统修改的起因是多方面的，主要包括管理方式、方法及策略的改变，上级的命令、要求，系统运行中出错，用户提出的改进要求，先进技术的出现等。对系统的任何修改都必须非常小心谨慎，要有计划、有步骤地进行。

(二)会计信息系统运行维护

会计信息系统运行维护主要是指为保证系统正常运行而对系统运行环境进行的一系列常规工作或措施，包括外界的物理环境及系统内部环境。

1. 外界的物理环境维护

会计信息系统可靠运行，首先必须要有良好的外界环境。由于人们往往对不良环境可能对计算机系统造成的危害认识不足，当计算机发生物理损坏、程序出错、数据丢失、输出结果莫名其妙时，这就需要从计算机运行环境的外界环境方面找问题。

(1)外界环境的影响因素

计算机所处外界环境的好坏主要取决于供电电源、环境温度、静电、尘埃四大因素(表6-6)。

第六章 "互联网+"背景下的会计信息系统发展前沿

表 6-6　外界环境的影响因素

外界环境的影响因素	具体阐述
供电电源	计算机对供电质量和供电连续性要求很严,它要求连续的、稳定的、无干扰的供电
环境温度	不良的环境温度会严重损害计算机的存储器和逻辑电路,加速电子元件的老化。因此,一般计算机禁止在低于5℃或高于35℃的温度下使用或存放
静电	积累在物体身上的静电荷,会对计算机造成严重破坏。人们在地毯上行走可产生高于12kV的静电,在正常温度范围内,即使是在乙烯醛地板上走动也可产生4kV静电。已得到证实的是,仅仅40V的静电就可能使微机产生错误
尘埃	灰尘不仅是软盘和磁头的大敌,而且也是计算机其他设备的大敌

(2)外界环境的改善与维护

为改善、维护外界环境,一般应建设专用机房并安装空调,保持室内清洁和适当的湿度,有条件的还应装防静电地板。

2. 系统内部环境维护

内部环境是指会计信息系统运行的软、硬件环境,如果软、硬件环境不能满足要求或不匹配,系统也不能正常运行。

(1)软件维护

会计信息系统投入运行后,可能需要对系统的功能进行一些改进,这就是软件维护工作。软件维护与数据维护是系统生命周期的最后一个阶段,工作量最大,时间也最长。对于使用商品化会计核算软件的企业,软件维护主要由会计软件公司负责,企业只负责操作与数据维护。软件维护主要包括以下内容。

①适应性维护

适应性维护是配合计算机科学技术的发展和会计准则的变更而进行的修改设置活动。如会计软件的版本升级、会计年度初始化、月初始化工作等。

②正确性维护

旨在诊断和改正使用过程中发现的程序错误。

③完善性维护

为满足用户提出的增加新功能或改进现有功能的要求,对软件进行的修改。受财力、人力所限,最初只在会计核算方面实现了电算化,使用一段时间后,人们往往希望将会计电算化范围扩展至会计计划、会计分析、会计决策等方面,这时就必须对原会计电算化软件进行修改和完善。

④预防性维护

为给未来的改进奠定更好的基础而修改软件。

(2)硬件维护

系统硬件的一些简单的日常维护工作通常由软件维护人员兼任,主要工作则由硬件销售商负责。以下是企业中常见的硬件日常维护工作。

①硬盘、内存的有关维护

会计电算化软件正常安装、运行需要较多的存储空间,即需要足够大的硬盘空间。在将会计电算化软件安装到硬盘上之前,要检查并清除硬盘上的病毒、删除硬盘上不需要的文件、目录(或文件类),重整硬盘文件;然后在会计电算化软件日常运行时,可通过删除硬盘上保存的已备份过的以前年份的数据来缓解硬盘空间的紧张形势。可通过关闭一些任务的窗口来释放内存空间。在微软的 Windows 操作系统系列产品中,要定期对其注册表进行维护,以提高系统的工作效率。

②打印机显示器的有关维护

会计信息系统运行中,经常需要对记账凭证、日记账、报表等进行查询和打印。查询结果需要通过显示器和打印机输出。每一种类型的显示器和打印机都有各自的驱动方式。因此,会计电算化软件要正常运行,必须选择与之相适配的显示、打印驱动程序。

第二节　会计信息化的技术实现

一、大数据在会计信息化中的应用

麦肯锡认为,大数据是指其大小超出了典型数据库软件的采集、存储、管理和分析等能力的数据集。[①] 这一概念主要包含了两方面的含义。

第一,符合大数据标准的数据集大小会随着时间的推移而发生一定的变化,不是保持不变的。

第二,符合大数据标准的数据集在不同的部门中是存在差异的。

大数据的出现彻底打破了各个利益主体之间的信息不对称问题,从而使得各个利益主体之间相互联系起来更加方便,也更加具有效率。

(一)大数据的特征

IBM 提出大数据的"4V"特征:数量(volume)、多样性(variety)、速度(velocity)和真实性(veracity)。

1. 数量

随着互联网、移动互联网、物联网的发展,每时每刻都在产生着大量的数据,当这些数据能够被利用起来后,其价值是无可限量的。而大量的数据要得到使用,一方面,要解决数据从分散到集中的问题;另一方面,要解决数据的共享安全、道德伦理问题。前者是一个技术问题,而后者是一个社会问题。如果数据失去了安全和道德的约束,衍生出来的社会问题将是一场灾难。相信很多人每天都会接到大量的骚扰电话,这就是数据安全和道德造成的问题。

[①] 张奇. 大数据财务管理[M]. 北京:人民邮电出版社,2016.

2. 多样性

大数据就像一个不挑食的孩子，你给它什么，它都开心笑纳。这和人类自身的学习认知模式有点相似。想象一下，我们在认识世界的时候，往往是有什么就吸纳什么，数字、图像、声音、视频，无所不及。因此，从这点来看，大数据的多样性，为机器向人类学习提供了很好的技术基础。如果机器的学习仅仅局限于结构化数据，那么相信这样的人工智能孩子即使长大变得聪明，也一定会是一个人格不健全的孩子。

3. 速度

快流式数据是大数据的重要特征，数据流动的速度快到难以用传统的系统去处理。举个简单的例子，淘宝购物时的商品推送就是基于大数据技术进行的，如果运算速度很慢，估计从用户登录进去到离开都还不知道该推送什么商品，这样的话大数据就没有了意义。所以，速度快是让大数据产生商业价值非常核心的一点。

4. 真实性

这里特别要注意的是，我们追求真实性，而不是精确性。实际上，真实性的特点和更好是匹配的。在我们关注相关性的时候，往往能够得到更加真实的信息。在传统的数据技术中，由于我们对数据的精确性要求过于苛刻，这使得如果没有高质量的数据清洗，产出结果的可用性就将大打折扣。很多时候，我们说垃圾进、垃圾出就是这样的问题所导致的。而大数据技术从降低精确性要求的逆向思维出发，用另一种方式解决了这个问题，通过降低精确性要求，变相提升了数据质量。借用科幻思维，这是一种"降维"策略的实践。

（二）大数据带给企业的挑战

1. 处理大数据的技术挑战

企业在处理大数据时会遇到以下几种挑战（图6-9）。

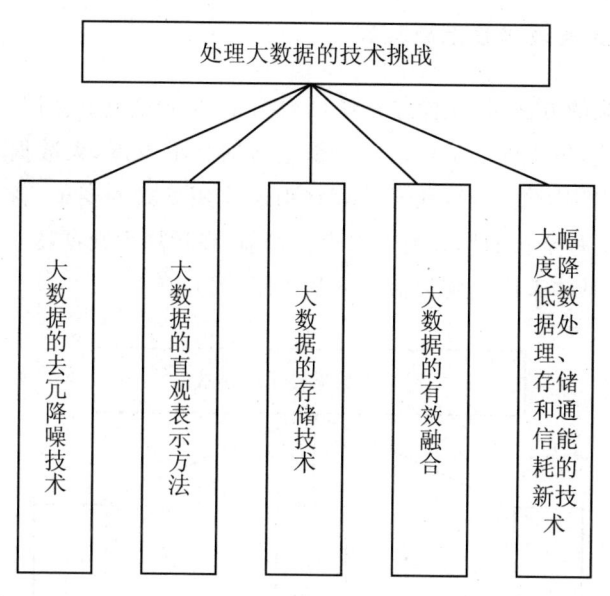

第六章 "互联网+"背景下的会计信息系统发展前沿

图 6-9 处理大数据的技术挑战

(1) 大数据的去冗降噪技术

企业所收集到的大数据大都来自各个方面，源头非常复杂，这就对企业的去冗降噪技术带来了极大的挑战。

(2) 大数据的直观表示方法

对于目前很多大数据的表示方法，有些并不能很直观地就展示出其具有的意义，所以，随着社会的不断发展，需要探索出更好的大数据表示方法。

(3) 大数据的存储技术

大数据的存储技术既对数据分析的效率有较大的影响，还对存储所需的成本具有重要影响。

(4) 大数据的有效融合

数据不整合就发挥不出大数据的大价值。大数据的泛滥与数据格式有很大关系。

(5) 大幅度降低数据处理、存储和通信能耗的新技术

大数据的获取通信、存储、管理与分析处理都需要消耗大量的能源。

2. 运用大数据技术的挑战

从系统的方面讲,从操作系统到数据库,再转变到数据服务平台,在大数据时代,传统开发工具已经不能适应时代的发展,大数据管理及处理能力将引领网络发展,社会计算将引起应用模式的变革,新的工业革命正在以一种全新的形式悄然出现。目前,在运用大数据技术方面存在一些挑战,具体来说主要包括以下几方面(图 6-10)。

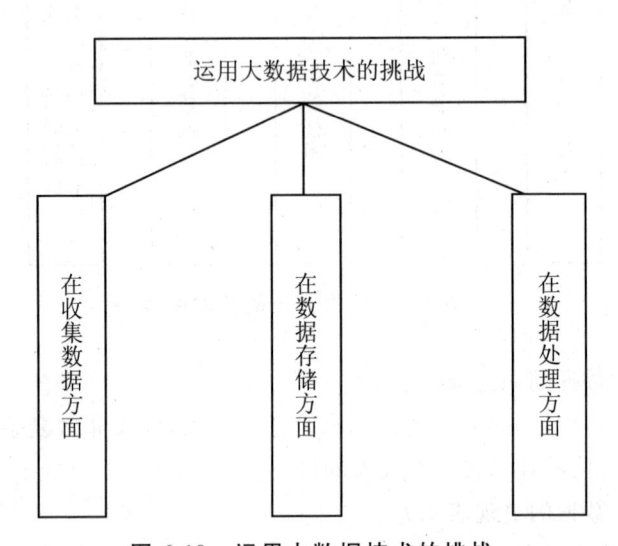

图 6-10 运用大数据技术的挑战

(1)在收集数据方面

目前,在网络上有大量的数据,有时,搜集一些数据相对比较容易,但数据收集来了之后一定要采取一定的方式去伪存真,留下最可信的、最有价值的数据。

(2)在数据存储方面

在数据存储方面,要想做到低成本、高可靠性,就必须要运用一定的技术手段对数据进行分类处理,通过去重等操作,减少存储量,并且还可以加入一些便于检索的标签。

(3)在数据处理方面

有些行业的数据参数非常多,其复杂性体现在各个方面,难以用传统的方法去描述和度量,所以在数据处理方面会存在很多困难,需

第六章 "互联网+"背景下的会计信息系统发展前沿

要将多媒体数据降维后度量与处理,利用上下文关联进行语义分析,从大量动态而且可能是模棱两可的数据中综合信息,并导出可理解的内容。

(三)大数据时代对会计数据的影响

1. 大数据时代会计数据的新特征

大数据时代会计数据的新特征主要包括以下几方面。
(1)会计数据的价值从简单的"数据仓库"转变为"深度学习对象"。
(2)会计数据的来源从以"结构化"数据为主导变更为以"非结构化"数据为主导。
(3)会计数据具有实时更新的新特征,更多时候体现为一种动态的"流数据"形式。这就要求企业在处理会计数据时形成"流处理"的思想。
(4)会计数据输出形式由图表化转向可视化。
(5)会计数据处理由原来的集中式向分布式转变。

2. 会计数据新特征产生的新要求

(1)大数据时代影响财务数据处理方式。随着大数据时代的到来。企业在财务处理方法上应突破劳动密集型的数据处理方式,充分利用新科技,搭建一个灵活、便捷、可扩展的信息数据平台。
(2)要注重对获得的会计数据的深入学习,满足信息使用者个性化需求。随着会计数据从"数据仓库"的简单角色中转变出来,企业会计工作人员应当意识到其在处理会计数据中已经由被动使用的地位转换为主动挖掘价值的地位。

(四)大数据对会计信息质量的影响

大数据对会计信息质量的影响如表 6-7 所示。

表6-7 大数据对会计信息质量的影响

大数据对会计信息质量的影响	具体阐述
对相关性的影响	相关性原则要求会计信息能够满足信息使用者的决策需求。会计信息提供者要充分考虑用户需求。大数据时代会计信息使用者的需求更加个性化。而在大数据时代,会计信息处理速度也在随之增快。这也就意味着,会计信息使用者能够在相同的时间内获得更多的信息,如何识别相关信息以及对相关信息进行取舍,是衡量会计信息素质的重要因素之一
对真实性的影响	大数据时代的到来意味着大数据资源将成为企业的数据资产。然而,目前关于数据资产却没有相关匹配的规定。根据资产的相关定义,大数据仍不能称为资产。同时,单纯以货币为主的计量已经不能满足大数据时代的需求。如何对大数据资产进行计量,这将是大数据时代对会计工作的挑战

二、云计算在会计信息化中的应用

云计算是网格计算、分布式计算、并行计算、效用计算、网络存储、虚拟化、负载均衡等传统计算机技术和网络技术发展融合的产物。云计算将计算从用户终端集中到"云端",是基于互联网的计算模式。按照云计算的运营模式,用户只需关心应用的功能,即各取所需,按需定制自己的应用。最简单的云计算技术在网络服务中已经随处可见,如搜索引擎、网络信箱等,使用者只要输入简单指令即能得到大量信息。

(一)云计算的体系结构

云计算平台是一个强大的"云"网络,连接了大量并发的网络计算和服务,可利用虚拟化技术扩展每一个服务器的能力,将各自的资源通过

第六章 "互联网十"背景下的会计信息系统发展前沿

云计算平台结合起来,提供超级计算和存储能力。通用的云计算体系结构如表 6-8 所示。

表 6-8 云计算的体系结构

云计算的体系结构	具体阐述
云用户端	提供云用户请求服务的交互界面,也是用户使用云的入口,用户通过 Web 浏览器可以注册、登录及定制服务、配置和管理用户。打开应用实例与本地操作桌面系统一样
服务目录	云用户在取得相应权限(付费或其他限制)后,可以选择或定制服务列表,也可以对已有服务进行退订的操作,在云用户端界面生成相应的图标或以列表的形式展示相关的服务
资源监控	监控和计量云系统资源的使用情况,以便做出迅速反应,完成节点同步配置、负载均衡配置和资源监控,确保资源能顺利分配给合适的用户
管理系统和部署工具	提供管理和服务,能管理云用户,能对用户授权、认证和登录进行管理,并可以管理可用计算资源和服务,接收用户发送的请求,根据用户请求并转发到相应的程序,调度资源智能地部署资源和应用,动态地部署、配置和回收资源
服务器集群	虚拟的或物理的服务器,由管理系统管理,负责高并发量的用户请求处理、大运算量计算处理、用户 Web 应用服务,云数据存储时采用相应数据切割算法实现并行方式上传和下载大容量数据

(二)云计算在会计信息化中的应用可行性

云计算在会计信息化中的应用可行性如表 6-9 所示。

表 6-9　云计算在会计信息化中的应用可行性

云计算在会计信息化中的应用可行性	具体阐述
技术可行性	云计算利用其虚拟化技术和数据中心相关技术使内部的所有数据资源进行统一收集、管理,并能根据需求进行动态部署,再加上其灵活性与稳定性,这些都将对银行的业务模式创新产生有力的支持。云计算还可以将存储的数据资源进行重新分布,把复杂的数据资源重新组合在一起,提供业务服务,能够为银行的系统运行、服务水平提供保障,为银行业和其他行业使用云计算技术给予技术可行性保障
经济可行性	伴随着电子化信息技术的逐渐发展,网上银行、支付宝等业务的不断出现,金融业务不断转向了电子化平台,在新的电子化业务模式下,传统的银行业务也受到了不小的影响。云计算技术的发展,为银行会计信息化发展提供了技术支持

(三)在会计信息化中推进云计算有效应用的对策

在会计信息化中推进云计算有效应用的对策如图 6-11 所示。

三、物联网环境下的会计信息化建设

物联网是指物体通过各种信息传感设备,如射频识别装置、红外感应器、激光扫描器等装置,经由传输网络,实现物与物、人与物之间的自动化信息交互与处理。

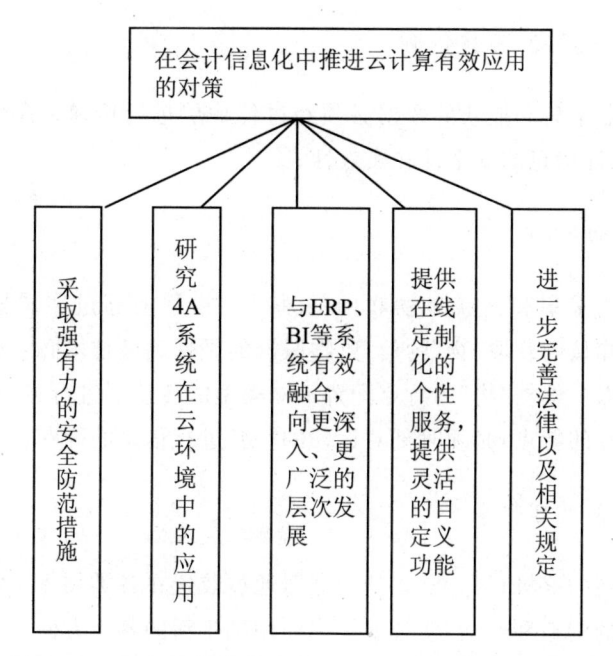

第六章 "互联网十"背景下的会计信息系统发展前沿

```
                ┌─────────────────────┐
                │ 在会计信息化中推进云 │
                │ 计算有效应用的对策  │
                └──────────┬──────────┘
      ┌──────┬──────┬──────┼──────┬──────┐
   ┌──┴─┐ ┌──┴─┐ ┌──┴─┐ ┌──┴─┐ ┌──┴─┐
   │采取│ │研究│ │与ERP│ │提供│ │进一│
   │强有│ │4A │ │、BI │ │在线│ │步完│
   │力的│ │系统│ │等系 │ │定制│ │善法│
   │安全│ │在云│ │统有 │ │化的│ │律以│
   │防范│ │环境│ │效融 │ │个性│ │及相│
   │措施│ │中的│ │合， │ │服务│ │关规│
   │    │ │应用│ │向更 │ │，提│ │定  │
   │    │ │    │ │深入 │ │供灵│ │    │
   │    │ │    │ │、更 │ │活的│ │    │
   │    │ │    │ │广泛 │ │自定│ │    │
   │    │ │    │ │的层 │ │义功│ │    │
   │    │ │    │ │次发 │ │能  │ │    │
   │    │ │    │ │展   │ │    │ │    │
   └────┘ └────┘ └────┘ └────┘ └────┘
```

图 6-11 在会计信息化中推进云计算有效应用的对策

(一)物联网的主要特点

物联网具备以下特点(图 6-12)。

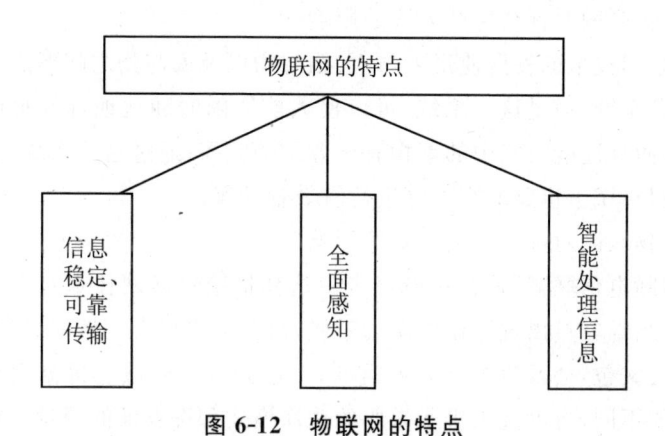

```
              ┌──────────────┐
              │  物联网的特点  │
              └───────┬──────┘
        ┌─────────────┼─────────────┐
    ┌───┴───┐     ┌───┴───┐     ┌───┴───┐
    │信息稳 │     │全面感 │     │智能处 │
    │定、可 │     │知     │     │理信息 │
    │靠传输 │     │       │     │       │
    └───────┘     └───────┘     └───────┘
```

图 6-12 物联网的特点

1. 信息稳定、可靠传输

传感器采集和捕获的数据必须经过传输层进行传递。在传输过程中,必须保证信息的安全性和实效性。

2. 全面感知

数据的采集和捕获是物联网的基础。物联网通过传感器实现对"物"的感知从而获取"物"的信息,物联网的硬件关键技术必须能够反映"物"的特点。根据"物"的特点配置不同类型的传感器进行感知;传感器具有实时性的特点,必须时刻对运动的"物"进行信息的捕获。

3. 智能处理信息

物联网的终极目标是"智慧地球",通过装置在各类物体上实现物体与物体间的沟通和对话,使智能技术应用到生活的各个方面。

(二)物联网与会计信息化

1. 物联网对外部会计环境的影响

(1)物联网对社会生产方式的影响

物联网技术的发展使得人与人、物与物以及人与物之间形成了一个庞大信息系统,通过这一系统,可以使人能够随时随地地选择自己出行的路线,而且还能对家中的事物有全方位的掌控;通过这一系统,可以使政府部门对城市道路的交通等进行有效管理等。

(2)物联网对社会生活方式的影响

"国际电信联盟"曾在一份报告中这样描绘物联网技术对人们生活的影响:当驾驶员出现操作失误的时候,汽车会进行自动报警提醒;日常携带的公文包,会及时告诉主人需要携带的物品;衣服会根据面料和干净程度的不同,告诉洗衣机所需要的洗涤模式和洗衣液的用量。诸此种种,现在看来似乎不大可能,但随着物联网技术的发展,这些都将变得习以为常。

第六章 "互联网+"背景下的会计信息系统发展前沿

2. 物联网对内部会计环境的影响

第一,推进企业组织结构扁平化。
第二,物联网促进企业内部各职能部门之间的协调。

(三)物联网技术推动会计信息化

物联网技术推动会计信息化表现在以下几方面(图 6-13)。

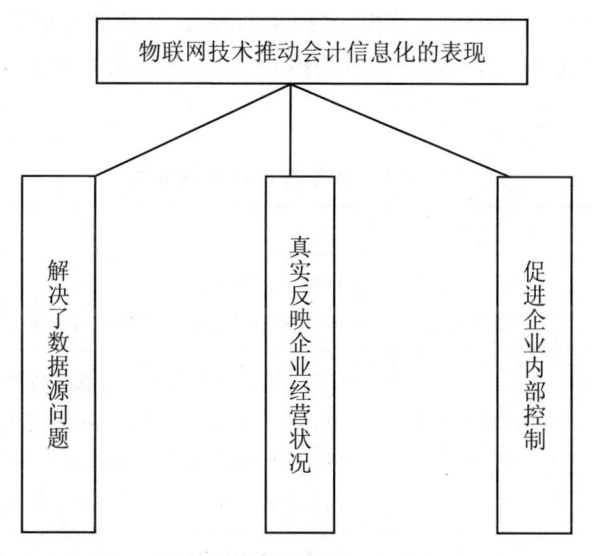

图 6-13 物联网技术推动会计信息化的表现

第三节 财务共享

一、财务共享服务的概念

共享服务模式起源于美国,国内外学者对其概念有不同的理解。更广泛接受的定义是,共享服务是一种商业模式——以客户为中心+服务费=业务。以客户为中心意味着只有明确的客户群才能保证公司后台的工作。在设计服务产品时,公司的后台部门需要根据公司其他部门的实际需求和客户愿意支付的价格提供有针对性的服务。[①]

二、财务共享服务的分类

根据不同的标准,可以将财务共享服务分为不同的类型。例如,根据服务对象,可以将财务共享服务分为自建型和外包型;根据服务内容,可以将财务共享服务分为交易处理型和业务伙伴型;根据组织形式,可以将财务共享服务分为实体型、虚拟型和混合型;按照发展阶段,可以将财务共享服务分为基本模式、市场模式、高级市场模式和独立经营模式(表 6-10)。

表 6-10　财务共享服务的分类

分类标准	类型	具体阐述
根据服务对象分类	自建型财务共享服务中心	自建型财务共享服务中心是指面向企业内部客户提供财务业务支持服务的模式
	外包型财务共享服务中心	外包型财务共享服务中心也称为财务共享服务中心的商业化经营模式,是指财务服务外包,即将选定的财务工作流程授权委托给专门的外包服务提供商进行处理的财务职能运营模式
根据服务内容分类	交易处理型财务共享服务中心	交易处理型财务共享服务中心主要整合财务日常交易处理事务,执行统一、明确的工作标准,实行流水线式作业流程。跨国企业新建立的财务共享服务中心往往采用此种模式
	业务伙伴型财务共享服务中心	业务伙伴型财务共享服务中心不仅为各业务单位提供最基本的一般性财务事务处理服务,还提供更高附加值、支持企业经营管理和业务发展的财务专业性服务。例如,提供业务单位所需数据产品、财务分析,辅助资金管理和预算监控,提供重要财务政策指导等

---

① 林自军,刘辉,马晶宏. 财务管理实践[M]. 长春:吉林人民出版社,2019.

第六章 "互联网+"背景下的会计信息系统发展前沿

续表

分类标准	类型	具体阐述
根据组织形式分类	实体型财务共享服务中心	实体型财务共享服务中心所有服务功能和机构都集中在同一地点
	虚拟型财务共享服务中心	虚拟型财务共享服务中心的某些服务功能和机构则设在不同的地点,利用全面电子化、网络化,彼此进行工作沟通和联系
	混合型财务共享服务中心	混合型财务共享服务中心的主要服务功能和机构位于一个地方,而一些支持或扩展服务功能和机构位于不同的位置,并通过网络等通信工具保持联系
根据发展阶段分类	基本模式	基本模式主要是事务处理和行政管理的整合。业务部门不再设立业务支持部门,但共享服务中心提供大规模、标准化的服务,大大降低了服务成本。同时,共享服务中心支付费用以抵消服务费用,并逐步培养企业主的概念
	市场模式	在市场模式下,服务内容包括专业咨询服务,如财务咨询服务,其将与整个服务中的一般交易处理混合。由于这些专业咨询服务的特殊性,只有根据实际情况和具体要求提供相应的服务才能使共享服务中心创造出附加值。这就使得共享服务中心必须认真考虑内部客户的需要
	高级市场模式	在高级市场模式中,引入外部服务供应商的企业,内部客户可以对服务供应商进行选择。如果对共享服务中心的价格或服务质量不满,他们可以从外部供应商处购买所需要的服务
	独立经营模式	在共享服务模型的最高阶段,共享服务中心作为独立的业务实体运作,为内部和外部客户提供业务支持服务。它们将面临来自主要外部咨询机构和外包服务提供商的竞争

三、财务共享服务的基本特征

财务共享服务具有显著的特征,概括来说,主要包括以下几方面(图 6-14)。

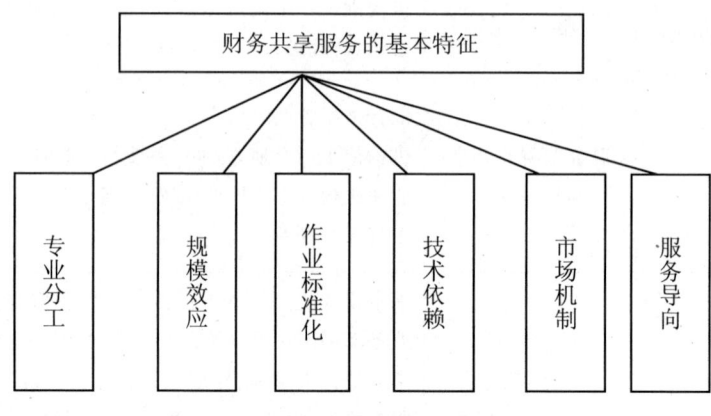

图 6-14 财务共享服务的基本特征

（财务共享服务的基本特征：专业分工、规模效应、作业标准化、技术依赖、市场机制、服务导向）

(一)专业分工

财务共享服务中心根据服务内容所需的不同专业知识和技能,细化内部职责分工,为客户提供专业的金融共享服务。

(二)规模效应

企业的金融交易量已经达到了较大规模是金融共享服务模式在国内外大型企业中普遍存在的主要原因。降低企业财务成本的前提是在合并前通过协调或完全不同的业务活动形成规模经济。

(三)作业标准化

通过流程管理实现运营的标准化,加强内部控制,创造价值,是任何应用财务共享服务模式企业的最基本要求。对原有分散的非标准业务流程建立统一的运营模式,实施统一的标准,也是财务共享服务中心稳定运行的重要基础。

(四)技术依赖

财务共享服务中心是以高科技为支撑的新产品。其日常运作在很大程度上取决于高度集成和高效的软件系统和远程电子通信工具。因此,远程服务可以取代面对面服务,以方便、有效和高效的方式向世界各地的业务单位提供服务。

(五)市场机制

成熟的财务共享服务中心采用市场机制独立运营,商业模式计价收费,由内部客户选择服务方,促进财务共享服务中心不断提高服务效率和服务质量。

(六)服务导向

财务共享服务中心以客户需求为导向,旨在提高客户满意度,为内部客户提供专业、优质高效的服务。财务共享服务中心还可以在市场上为外部客户提供有价服务。

四、财务共享服务的作用

(一)节约成本

实施财务共享服务,将财务服务部分内容整合到财务共享服务中心处理,撤销各地重复设置的部门和岗位,从而减少从事结算、审核和核算等操作类工作人员数量,可以降低服务成本。

财务共享服务也具有重要的作用,概括来说主要包括以下几方面(图6-15)。

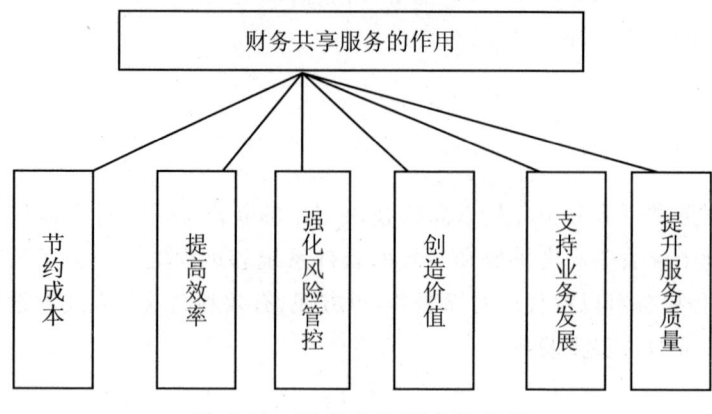

```
                    ┌──────────────────┐
                    │  财务共享服务的作用  │
                    └──────────────────┘
     ┌────────┬────────┬────────┼────────┬────────┐
  ┌─────┐ ┌─────┐ ┌─────┐ ┌─────┐ ┌─────┐ ┌─────┐
  │节约 │ │提高 │ │强化 │ │创造 │ │支持 │ │提升 │
  │成本 │ │效率 │ │风险 │ │价值 │ │业务 │ │服务 │
  │     │ │     │ │管控 │ │     │ │发展 │ │质量 │
  └─────┘ └─────┘ └─────┘ └─────┘ └─────┘ └─────┘
```

图 6-15　财务共享服务的作用

（二）提高效率

财务共享服务将某些财务流程集中处理，关键在于对流程实施再造和优化，在保证风险可控的基础上，建立精简、高效的作业流程，提高作业效率。

（三）强化风险管控

在强化财务风险管控方面，财务共享服务模式利用集中的组织架构、相对独立的经营模式、统一的系统工具、标准化的流程和统一的执行规范等措施能够最大限度地降低风险，有效地防范风险。

（四）创造价值

当财务共享服务中心逐步成熟时，它将有能力为外部客户提供商业服务，这将为企业带来额外的经济效益。

（五）支持业务发展

企业将财务部分或全部职能集中到财务共享服务中心处理，有助于

第六章 "互联网+"背景下的会计信息系统发展前沿

企业更快地建立新业务，能够更加灵活、便捷地支持新业务的财务处理，财务专业技能的集中也有利于给予有价值的财务政策支持。

(六)提升服务质量

提高服务对象的满意度是财务共享服务模式的核心目标之一。财务共享服务模式对每个业务单位或客户提供有针对性服务的财务人员数量减少，容易造成客户满意度的下降，为弥补这一缺陷，高质量的财务共享服务中心一定是极为重视服务，能够建立完善的综合服务体系，不断提高服务能力，持续提升服务质量的。

五、财务共享服务中心建设

(一)财务共享服务中心建设的动因

企业建设财务共享服务中心的动因主要分为解决痛点、优化管理和战略转型三个方面(图 6-16)。

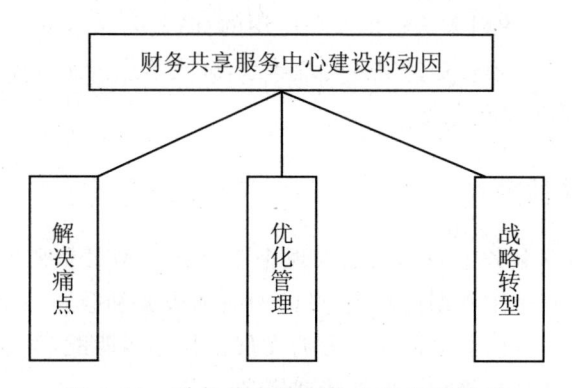

图 6-16 财务共享服务中心建设的动因

1. 解决痛点

随着集团规模和业务的不断扩展，企业的财务管理将会面临着新的挑战，解决这些制约企业的痛点，从而促使其进一步高质量发展是企业进行财务共享服务中心建设的重要原因和动机。在建设财务共享服务中心之前,企业在财务管理过程中面临着以下痛点。

第一,业务多样性高,财务管理负担重。

第二,管理系统组织复杂,财务管理难度大。

建设财务共享服务中心正好可以针对这两个痛点"对症下药"。

第一,财务共享服务中心可以为集团的各分支机构、各业务部门规定标准化的财务核算处理流程,方便集团大规模、高质量地处理财务信息,确保财务信息的时效性、可比性和准确性。

第二,财务共享服务中心可以统筹联通现有的多个业务系统体系,构建上下左右联通的业务、核算、报表、数据、资金互通互联的一体化系统,为会计核算、报表报告、财务分析等创造便利条件。因此,建设财务共享服务中心可以有效解决企业财务管理方面面临的两大痛点。

2. 优化管理

企业建设财务共享服务中心的另一个重要动因是为了满足集团优化财务管理体系的需要。在建设财务共享服务中心之前,很多企业财务信息处理各流程的效率和有效性缺乏技术保障。财务共享服务中心可以打通集团业务和财务管理之间的屏障,打通各级子、分公司各自为政的财务系统,构建财务信息生产和应用的"高速公路",从而实现业财融合、信息集成、高速传达的财务管理体系,解决信息传达过程中常见的效率低下、准确度低的问题。

3. 战略转型

财务共享服务中心是当前实现企业财务转型最重要的路径之一。为了在市场竞争中占据优势,企业的产品和服务都会进一步快速扩大,向着多样化、个性化、灵活化的方向发展。与之相匹配,财务方面,企业的财务管理体系也规划了发展转型战略。

第一,借助财务共享低成本、高质量的优势,促进集团财务管理成本效益的提升,从而提高集团的盈利能力。

第二,通过"虚拟办公室"式的财务共享服务中心,实现对各级财务人员能力的培训与提升,为财务转型做好人才准备。

第三,财务共享服务中心建设将财务人员从烦琐的传统会计工作中

第六章 "互联网+"背景下的会计信息系统发展前沿

解放出来,使他们可以有更多的时间和精力投入业务财务和战略财务当中,使得财务人员真正成为业务的好伙伴、企业价值的创造者。

(二)财务共享服务中心建设的路径

依据财务共享中心建设过程涉及的核心要素,结合大量实践经验,财务共享中心的建设路径可主要分为战略定位、蓝图设计、信息平台规划和运营优化四个阶段(图6-17)。

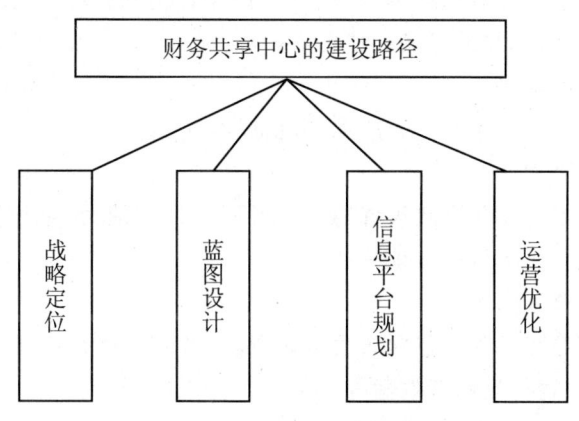

图 6-17 财务共享中心的建设路径

1. 战略定位

(1)定位

国内最近一次共享中心建设热潮是在国资委和财政部的引导下形成的,以国有大中型企业尤其是央企为主,将共享中心的建设推向新的高度。企业在建设共享中心时,不再将追求成本效益因素作为第一要素,而是在加强财务管控、降低运营风险的前提下,进一步完善财务管控体系,其次才是成本效益因素。所以,国有企业在建设共享中心时,在共享中心业务选择、选址、流程标准化、规范化,以及信息系统等方面都有不同于以往的要求。[1]

从初步的摸索尝试到管理软件企业与客户协同推荐,再到企业的自

---

[1] 伊静,刘会颖. 会计信息化教程[M]. 北京:对外经济贸易大学出版社,2018.

主创新,中国本土企业财务共享服务在历经多年发展后进入快速增长阶段。"管控服务型"财务共享成为企业建设财务共享中心的核心动机和价值体现,与单纯的服务型共享中心在发展背景、价值创造、组织定位等方面均有所差异。在2015年北京国家会计学院中国大型企业集团财务共享服务中心建设情况调查报告中,关于财务共享服务中心定位的调查结果显示,多数企业在建设财务共享中心时重点考虑集团管控与会计服务并重。

(2)选址

财务共享中心可从成本、环境、人力资源及基础设施四个方面进行综合考量及评估,并最终确定建设所在地。

①成本因素

成本因素主要包含人力成本、电信成本等。

②环境因素

环境因素主要包含政策优惠、政治环境、发展能力、城市竞争力、是否与总部或分支机构所在地一致等。

③人力资源因素

人力资源因素主要包含人力专业技能、当地教育水平、服务水平、人员流动性、教育与培训有效性等。

④基础设施因素

基础设施因素主要包含电信质量、自然环境、交通便利、房产价格等。

在《2017中国共享服务领域调研报告》中,关于财务共享服务中心选址时最重要的影响因素调查结果显示,选址时首要考虑集团总部的沟通成本和管理成本、可接受的人力成本、高素质的人力资源三个因素。

财务共享服务中心选址时最重要的影响因素在实际情况中,各个城市在成本、环境、人力资源及基础设施方面都会有各自的优势和不足,因此选址时需在综合考虑各种因素的基础上,根据企业实际情况最终确定共享中心选址。同时,共享中心的地址并非是一成不变的,随着外部环境及企业业务的变化,共享中心的地址可能也会随之变化。

(3)建设模式

企业可根据自身发展需要,所处的发展阶段不同而选择不同的财务共享中心建设模式,每种模式都有自己的优势和不足。常见的财务共享中心建设模式有四种:集团共享中心、板块共享中心、区域共享中心和项

第六章 "互联网十"背景下的会计信息系统发展前沿

目共享中心。

(4)运营模式

按照财务共享中心的运营形式划分,财务共享中心主要包括四种运营模式:基本模式、市场模式、高级市场模式与独立经营模式。依据财务共享中心的发展趋势,四种模式呈现出递进关系。

2. 蓝图设计

(1)组织规划

财务共享中心内部组织设立初期,在组织定位方面主要有两种方案。

第一,行政层级上与财务部管理层级相同。

第二,下设至财务部,行政层级上隶属于财务部,此方案在财务共享中心建设初期选择较多。

财务共享中心内部组织划分的方法主要有按区域、职能、混合三种方法,有利于确保组织的主要活动得到重视。

(2)人员配置

财务共享中心成立初期,人员来源主要包括内部抽调和社会招聘两种方式。为了更好地实现技能与岗位的匹配,应主要采取内部抽调的方式,人员配置采取适才适岗的原则,尽力吸引各地优秀财务人员。内部抽调可以从纳入财务共享中心的单位现有财务人员进行抽调,此部分人员对于企业原有业务流程比较熟悉,可以更快地成长为财务共享中心的业务骨干。社会招聘可以考虑招聘有财务共享中心工作经验的财务人员,可以借助此部分人原有的财务共享中心工作经验,更快、更稳定地实现共享中心成立之初的过渡期。

为保障财务共享中心人员配置方案的执行,需以人员到位后的集中培训与长期培训相结合的方式来提升员工的能力,确保相关工作顺利开展。集中培训主要为保证财务共享中心的工作启动运转,长期培训为保证财务共享中心的稳定运营和持续发展,根据 SLA 的 KPI 指标定性定量考核;同时通过优秀员工的选拔输出机制、整体队伍的稳定轮岗机制、末位员工的淘汰更新机制三种常态化机制,来完善共享中心人员的职业发展规划。

对于共享中心人员的需求测算,需要重点考虑以下两个前提。

第一,信息系统前提。财务共享中心的运作,至少需要依托于电子报账系统、电子影像系统及核算系统来完成。电子报账系统用于各单位进行统一报账,可与电子影像系统和核算系统无缝对接,实现上传后的影像图片自动匹配电子报账单,并自动产生会计凭证。另外,电子报账系统还可按照业务类型随机推送审核任务。电子影像系统可上传单据影像,可供共享中心会计人员提取进行财务审核,影像单据审核入账任务不按核算账套隔离。若此类信息系统无法满足需求,则会对财务共享中心的工作效率产生较大的影响,此时就需要考虑对所需求人员数量进行扩大。①

第二,人员技能前提。财务共享中心的人员数量测算根据岗位业务性质的不同,可采用业务分析法、对标评测法、数据测算法等方法。其中数据测算法下人员测算相关计算公式有如下几个。

公式1:人员数量=月工作量/人均月工作量

公式2:月工作量=月平均单据量×每单耗用时间

公式3:人均月工作量=日有效工作时间×月工作时间

公式4:日有效工作时间=日工作时间-辅助工作时间-间歇时间

其中,月平均单据量及每单耗用时间的相关信息,在企业实际工作中通过业务量调研问卷获得,这里根据企业实际情况选取部分数据进行计算分析。日工作时间为企业规定的法定上班时间,一般为8小时。辅助工作时间为完成一项任务而必须付出的时间成本。

3. 信息平台规划

通常财务共享中心信息平台主要由财务共享服务系统、业务管理系统、影像扫描系统、银企互联系统等构成。财务共享平台的核心系统信息系统的构建主要可从主数据统一、历史数据处理、业务系统集成三方面考虑。

(1)主数据统一

企业的主数据包括客户、供应商、员工、科目、项目等内容,主数据的统一是企业集团构建财务共享系统的重要内容。以供应商主数据为例,

---

① 张立伟,赵金燕. 会计信息化实操[M]. 沈阳:东北财经大学出版社,2017.

第六章 "互联网+"背景下的会计信息系统发展前沿

若供应商的名称、付款信息等内容未进行有效整理,存在一个供应商两个名称,或与供应商付款信息不匹配的情况,将会直接影响财务共享中心会计核算的错单率及付款结算的支付失败率,使推动财务共享中心建设的阻力和难度加大。

(2)历史数据处理

在信息系统切换时需要考虑对历史数据进行处理。例如,核算规范的变化引起的历史数据处理、员工或供应商的借款或预付款初始化、报表逻辑的调整等。

(3)业务系统集成

业务系统的集成主要包含系统边界的重新划分及改造、业财一体化平台的搭建两个方面。由于企业原有信息系统的建设并不是基于共享模式,业务系统为了更好地支撑业务流程,逐渐扩大了建设范围,模糊了系统边界。

4. 运营优化

财务共享中心的建设不是一蹴而就的,而是需要持续的运营优化。

(1)决策财务

决策财务的主要工作内容是财务发展战略制定,财务制度、政策与流程制定,预算指标设定,财务分析与控制,业绩指标计算及跟踪,投融资分析,对企业并购过程中的税务筹划、内部审计与风险管理提供专业支持等。

(2)共享财务

共享财务的主要工作内容是将财务管理工作中分散的、高度重复化的、同质化的、可标准化的非核心业务纳入共享财务集中批量处理,并依托信息技术实现财务管理中核算、结算、决算及档案业务的高效率处理。

(3)业务财务

业务财务的主要工作内容是负责确保所有本地业务核算的真实性、合法性,负责对口本地外部监管部门,指导业务部门按集团规章制度合理报账,并接受上级单位的监督和指导。近年来,在财政部及国资委的政策引导下,基于财务会计转型及自身的实践要求,国内很多企业开始建立财务共享平台,期望通过财务共享平台高效、标准的管理服务达成企业的战略目标。

(三)财务共享服务中心建设的成果

财务共享服务中心建设的成果如图 6-18 所示。

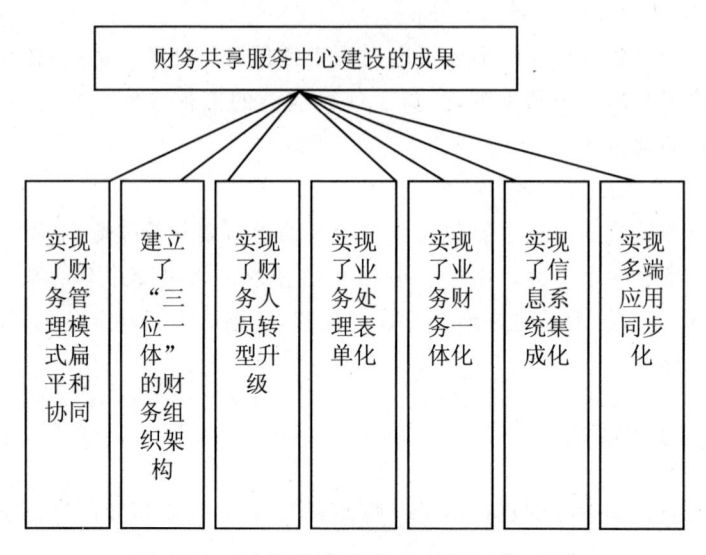

图 6-18 财务共享服务中心建设的成果

1. 实现了财务管理模式扁平和协同

通过财务共享服务中心建设,企业实现了财务会计与管理会计的相互支持,相互融合。财务会计在财务基础工作上往更深、更实的方向发展,管理会计在财务管理与价值创造上往更高处发展,前者为后者提供信息与数据,后者利用前者的信息和数据科学管理并创造价值。

2. 建立了"三位一体"的财务组织架构

财务共享服务中心建立后,企业的财务组织架构分为三个部分,即共享服务中心、管理会计中心、二级单位财务部。

(1)共享服务中心

共享服务中心负责各级单位经营管理中的营业收入、成本费用、网络管理、资金结算、资金调度、报表报告、流程优化等工作。

第六章 "互联网+"背景下的会计信息系统发展前沿

(2)管理会计中心

管理会计中心主要负责全面预算、绩效评价、产权管理、资本运作等工作。

(3)二级单位财务部

二级单位财务部依旧负责财务管理的前端环节,包括所在单位原始单据初核、会计档案管理、内控管理、业务财务等工作。

3. 实现了财务人员转型升级

通过财务共享服务中心的建设,逐步实现财务人员的转型升级,有序地使他们从传统的会计工作中解放出来。

4. 实现了业务处理表单化

企业财务共享通过数字化业务推动了业务处理的规范以及关键内控的有效控制,实现了"管理制度化、制度表单化、表单信息化"的管理目标。由于企业财务共享主要是面向业务人员使用的,为保证非财务人员使用的便利性,所有页面和单据均是按照业务人员工作性质个性化设置的。

5. 实现了业务财务一体化

特色的业财一体化大幅提高了财务共享数据源取得的效率,保证了财务信息的及时性、准确性,同时最大限度地把财务人员解放了出来,为业务前端提供财务支持和服务。

6. 实现了信息系统集成化

在建立财务共享服务中心之前,企业的财务信息系统是独立的,建立共享后,企业通过一套财务共享系统,实现了信息系统的高度集成,使得财务共享服务中心成为集团最大的信息池,为大数据分析提供了基础。

7. 实现多端应用同步化

在财务共享服务平台上,针对不同的用户分别以前端、后端和移动端三种形式展现,并且移动端同时上线。

六、财务共享系统建设的趋势

在"互联网"经济背景下,财务共享系统建设也有了一些新的趋势,其具备以下五个特征(图6-19)。

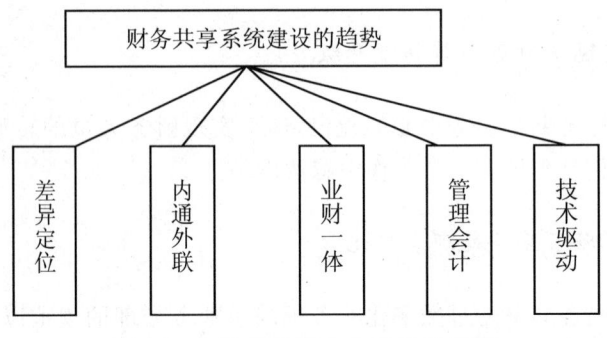

图 6-19 财务共享中心的建设路径

(一)差异定位

以前很多企业在建设财务共享服务中心的时候,出发点是非常单一、简单的,就是降低成本、提高效率。但随着理论、实践的发展,财务共享服务中心的定位发生了一些变化,建设财务共享服务中心的出发点已经从简单的降低成本、提高效率变成了优化整个集团管控、提升整个集团决策支持效率。现在的财务共享服务中心会成为一个服务中台、数据中台,来支撑整个企业的运作。

(二)内通外联

移动互联时代最大的特点就是万物互联。企业的建设和运作已经完全离不开企业外部的体系,包括企业上下游和其他业务伙伴。企业不仅要在企业内部运作这些系统,使用这些信息,还需要引入大量外部系统和信息。另外,互联互通还包括与社会化资源的对接。

（三）业财一体

这里所说的"业财一体"的概念其实与传统的业财一体的概念稍有区别，即在共享中心建设的过程中，最早建设的都是所谓的财务共享服务中心，其主要功能是费用报销、账目处理。但现在我们会发现整个共享中心的建设除了要建设财务共享服务中心之外，还要建设其他共享中心，从而构建起业务中台。除了业务拓展之外，还会出现全新的业务模式，这些业务模式让财务与业务能够更好地结合在一起，从而把相关的业务信息引入整个中台系统里。

（四）管理会计

管理会计是很多企业决策支持系统的建设内容，管理会计需要有数据，需要有大量的业务数据来支撑后续的分析与决策。

（五）技术驱动

新技术，特别是人工智能技术对整个财务体系有重大影响。新兴技术会给财务工作带来翻天覆地的变化，所以财务人员不能降低对自己的要求，仅做好本职工作还不够。

七、财务共享标准化流程＋自动化处理

（一）端到端流程自动化的应付共享

1. 端到端流程自动化

传统的应付管理流程可以归纳为：供应商开票→邮寄发票→企业财务处理→通知银行集中支付。

针对公司日常经营中遇到的应收和应付问题，企业可以使用基于光学字符识别(OCR)、供应商门户和工作流技术的发票管理实现从供应商对账、发票扫描识别输入、三单校验到审批、记账的自动化、增值税(Value Added Tax, VAT)发票网上集中认证等技术来优化流程、提高工作效率。

针对低效易错的传统应付管理模式,新技术催生的端到端流程自动化系统采用 OCR 扫描识别技术,可确保文字识别率高,减少信息错误风险,发票信息电子化也可提高业务处理速率;系统采用发票自动校验和工作流技术,可以自动分配任务,降低人工匹配所带来的失误;系统采用发票抽取技术,可支持抽取不同开票系统的开票数据;系统可以自动对接供应商门户,完成对账,付款过程透明可查;系统可以实现发票集中认证,在共享服务中心一个点完成全国所有发票认证;系统还设置票据影像管理平台,利用大数据、云技术存储大量影像数据,降低信息储存成本,提高储存安全性。

企业在应付业务流程中采取端到端流程自动化系统后,相对于传统的应付管理,将会发生以下变化。

第一,流程的步骤显著减少。

第二,业务流程优化明显。

第三,自动化程度显著提升。

第四,工作效率显著提升。

2. 发票管理的流程自动化

应付业务可以借助技术实现流程改造和自动化处理。应付业务管理的自动化更多的是体现在发票管理流程的自动化上。应用 OCR 技术、工作流技术等先进技术后,发票管理流程从业务流升级为系统流,摆脱手工业务处理方式,操作流程标准化、自动化,减少了财务人员的工作量,提高了业务处理效率。

(二)中央处理器式的总账模块

在企业财务共享中心中,总账模块是企业财务系统的核心,它和企业的应收流程、应付流程、固定资产、成本管理等流程都有着直接的关联。相较于应收、应付、固定资产等由业务驱动、侧重于在业务过程提供

第六章 "互联网十"背景下的会计信息系统发展前沿

共享服务支持的相关模块,总账模块更多侧重在会计处理业务流程中提供支持。由于会计核算是规则性较强的工作,分散的会计核算业务往往最适合被整合为标准化模块。因此,在总账模块中,从财务人员进行记账凭证编制、财务信息的生成、月末自动记账和月末过账,到最终报表的产生,自动化技术都被广泛应用。

1. 总账模块的功能

总账模块就像是企业会计信息的中央处理器,应付、应收、固定资产等业务处理的最终结果都会反映到总账模块的流程中,这也使得总账模块作为综合的财务管理解决方案,具备了强大的功能。这些功能主要包括以下四个方面(表6-11)。

表6-11　总账模块的功能

总账模块的功能	具体阐述
信息访问	总账管理系统是企业的财务信息存储库,通过联机查询或使用报告和分析工具,企业可以轻松访问存储在总账管理系统中的信息
会计信息处理	例如,企业可以更正实际、预算和保留款信息,重估和折算用外币表示的余额,合并多个账套的余额等
数据收集	总账管理系统主要收集来自应收、应付等各业务处理流程中的相关信息和数据
财务报告出具与数据分析	在企业财务核算系统中,总账模块作为核心,和应收、应付、成本、固定资产等各个模块紧密相连。月末,各模块记账数据通过过账的方式传入总账模块。企业据此可进行财务报告出具和数据分析等工作,以帮助企业内外人员进行决策

2. 总账模块的自动化解决方案

总账模块的业务范围一般包括凭证管理、费用预提、冲销与摊销、工资薪酬、关账、报表等主流程,每个主流程下又分为几个子流程,如凭证管理下包括系统凭证生成和手工凭证生成两个子流程;工资薪酬下包括工资薪酬计提、工资薪酬支付、工资薪酬冲销三个子流程;报表流程包括单体报表生成、合并报表生成和管理报表生成三个子流程。这些流程一般具有固定的操作步骤和操作规则,因此可以在系统辅助下实现自动操作。

以凭证生成为例,在财务核算系统中,总账模块和应收账款、应付账款、成本管理、固定资产等各个模块紧密相连,这些模块在进行业务处理的同时会采集财务所需的基础信息,由业务信息产生的数据,会自动对接至财务核算系统。由于相关会计分录的编制规则已经被人为定义好并被输入系统中,所以相关信息数据在传递至总账模块时,这些信息会按照既定的规则形成记账分录,而不再需要人为的判断和操作。

在费用预提、冲销及摊销流程中,费用预提流程包括月末准备费用预提申请材料、各级责任人审核费用预提申请材料、编制预提费用明细表、填写并提交预提费用报账单、审核入账;预提费用冲销流程包括月初查询预提费用台账、预提费用冲销处理;费用摊销流程包括费用报销、月末查询摊销费用台账、待摊费用摊销处理。无论是费用预提还是费用摊销等,均可由系统自动完成。

(三)可视可控的资金管理

企业管理的核心在于财务管理,财务管理的核心则在于资金管理,这决定了资金管理在企业财务共享中心中占有核心的位置。从企业集团业务发生到财务入账、支付、凭证归档的整个过程中,资金管理业务是财务共享中心整体业务中最主要的内容之一。在企业共享中心中,资金计划管理和资金结算是企业资金管理系统自动化程度较高的两个功能模块,而银企直联、资金自动对账等技术在资金计划管理和资金结算等模块中的运用,充分体现了信息技术进步对于企业资金管理所产生的影响。

1. 可控的资金计划管理

资金计划管理模块是资金管理平台不可或缺的重要功能,它主要提供资金计划上报、资金计划审批、资金计划配置、资金计划分解等系统功能。资金计划管理模块通过和预算管理系统关联,可获取企业年度、月度资金计划数,便于集团管理层了解整个集团层面或者下属二级单位或部门在未来一段时间的资金收付情况,以及时在系统外做出管理决策等。

2. 智能化的资金结算

资金结算是财务日常工作的重要内容之一,也是企业自动化程度较高的财务流程之一。在财务共享服务模式下,企业通常采取统筹资金计划、集中结算的资金结算方式。随着技术手段的逐渐成熟,企业的上述采购结算流程正在日益变得自动化和智能化。当下企业通常会在财务共享中心或者费用管理系统之上搭建企业商城。供应商把商品和服务按协议价格发布在商城上,企业经过比价选择、预算审批等完成下订单等环节。此时,订单会按物资提供方的不同自动分解并分发,到货签收或者服务确认时会按规则自动确认接收。在此模式下,资金的结算模式也是自动的。结算时,系统按结算对象和结算规则自动生成结算单,并自动进行订单状态的核对。供应商在系统内核对清单、开具发票,通过与税务平台的数据对接,平台自动获取发票全票面信息。系统同时会将付款信息转换为符合网络银行接口标准的支付数据,通过网络银行或银企互联的方式完成支付。

3. 深度融合的银企互联

银企互联系统就是将网上银行系统和企业的财务软件系统相连接,从而在封闭通道中进行支付数据交互的系统。企业财务共享中心的银企互联系统,包括银行账户管理、资金转拨管理以及快捷的银行支付管理等功能。

八、财务共享加强企业管理会计信息化建设的措施

(一)渗透大数据理念保障会计信息安全

财务共享加强管理会计信息化建设,以大数据等信息技术为技术支撑,网络信息平台可以为企业决策提供更准确可靠的会计信息。在这种

环境下,要充分利用大数据概念,加强大数据概念在管理会计信息化建设中的有效渗透,引导财务人员学会用大数据互联网思维看待问题,用信息技术解决问题;同时,加强大数据理念在财务预测、分析和控制中的有效渗透,为创新创造更多可能性。为了进一步提高大数据与金融结合的有效性,需要按照标准化和统一的原则对系统数据源进行闭环处理。在处理数据源的过程中,应注意信息安全保障管理,加强对合作客户的全方位管理,及时规范和制止系统平台用户的不当操作,借助财务共享系统加强对用户行为的全面监控,特别是加强对用户数据访问的权限管理,最大限度地提高会计信息收集、存储、分析和处理的安全性。

另外,要注意信息系统的更新和维护,安排专门技术人员对企业内各种信息系统进行运维管理,进行日常系统消毒,定期更新升级信息系统版本,并对信息系统进行维护管理,及时优化和弥补系统运行漏洞,从技术层面加强会计信息安全保护。同时,要结合实际制定合理的信息安全标准,注重系统运行过程中隐患的有效整改,按照规范化的安全标准推进会计管理信息化,有效防止会计数据信息的丢失或盗用。

(二)利用财务共享构建完整的管理会计信息系统

(1)要重点加强管理会计信息系统的功能设计和建设。从财务共享的角度,有必要明确管理会计信息系统的实际应用和建设目标,结合企业实际需求设计系统功能。对于系统输入功能的设计,管理会计信息系统在运行过程中需要不断联系和收集更多的数据和信息。这些数据本身具有很大的应用价值,需要由信息系统集中处理,实现数据和信息的增值。通过建立金融共享中心,方便各职能部门随时随地共享和传递信息。云数据处理功能和数据接口用于促进数据处理的自动化,实现人工和智能的交互处理,有效补充系统的功能。根据系统处理功能的设计需求和财务工作的性质,采用集中核算、统一处理、分类、有效筛选等方式确定功能定位。在这一层面,大数据、云计算、算法等信息技术提供了强有力的支持,完全可以满足企业战略决策的实际需要。此外,输出功能的设计主要是为不同终端完成信息传输和共享。管理会计信息用户作为系统的最终用户,可以自由、灵活地传递和共享信息,促进预算系统与其他业务系统之间数据信息的共享和交换。系统终端信息的共享和输出也是一个信息交换和更新的过程,是实施性能监测和评估的重要

第六章 "互联网+"背景下的会计信息系统发展前沿

环节。

（2）加强财务共享与管理会计信息系统的有效整合，将财务共享功能服务有效应用于管理会计信息各子系统。

第一，将其应用于成本库存管控系统，借助数据库平台提取和分析成本库存的相关信息，从而建立完整的成本分析模型，充分发挥成本预警监控和利用效率分析的系统功能，并根据成本模型上价值的变化，采取有针对性的措施制定科学合理的生产和投资策略。同样，通过建立库存模型，可以突出库存数量、库存质量监控、库存预警、市场价值分析等功能，从而为企业库存管理制定更好的计划。

第二，将其应用到预算管理系统中，借助信息系统建立多元化的预算管理系统，对各模块的进度进行全方位实时监控，并根据实际情况及时纠正和调整，成功完成预算编制、执行、控制、考核和评估等工作。

第三，将其应用于绩效管理和决策信息系统。它使用平衡计分卡原则来对应企业战略发展的绩效目标以及部门和个人的绩效指标。经过层层分解，实现了对目标实现过程的实时监控。综合各子系统的相关信息后，提取分析数据，与企业绩效目标进行比较，实现数据信息的智能分析，为企业管理决策提供信息支持。

第四节　XBRL——可拓展的商务报告语言

一、XBRL 的概念

XBRL(Extensible Business Reporting Language,可拓展商业报告语言)是一种用于商业信息电子交换的语言,可用于商业信息的编制、交换和分析,是 XML(Extensible Markup Language,可拓展标记语言)与财务报告信息交换的一种应用,也是目前应用于非结构化信息处理,尤其是财务信息处理的最新标准和技术。①

XBRL 被誉为财务报告领域的条形码,给我们带来三层信息:数字与数字的背景信息、概念与概念的属性、概念之间以及概念和资源之间的关系。XBRL 能为企业财务报告和分析的各个环节带来重要效益。

二、XBRL 的技术基础

XBRL 以标识语言(XML)作为基础构架,因此,要了解 XML 的技术特点,才能对 XBRL 有初步的认识。

XML 是针对 HTML(Hyper Text Markup Language,超文本标记语言)网络运用上的各种限制而开发出来的一种语言。HTML 超文本标记语言是一种简单的标示语言,它通过固定的格式标签将其内嵌的内容按照所需要的格式呈现在网页上,是对文件格式实行了结构化而非描述结构内容本身。但是,HTLM 标记的属性和品种繁多且不灵活,仅能定义格式但无法定义所显示的内容分类。

针对这些问题,互联网协会制定了 XML 以弥补 HTML 的不足。

(1)XML 是设计与特定领域有关的标记语言,允许不同专业开发与自己特定领域有关的标记语言,使得各专业领域中的人可以自由交换数据和信息。

(2)XML 基本上使用的是非常简单的数据格式,可以用纯 ASCII 码文本书写,这种文本几乎不会磨损,且即使丢失一些内容也依旧可以读取。以 XML 为基础的 XBRL 具有更强的数据完整性和可读性。

(3)由于 XML 采用了非专有模式,易于阅读编写,且可以为了不同的目的使用不同的工具编辑和查看。因此,以此为基础的 XBRL 能够成为一种标准的格式在不同的应用程序之间交换数据。

三、XBRL 的主要特性

XBRL 具有灵活、开放、高效以及强大的搜索能力等特性,是一种通用的能被大众接受的财务报告语言。随着 XML 的浏览器的普及化,大

---

① 甄阜铭,刘媛媛. 会计信息系统 ERP 基础[M]. 长春:东北财经大学出版社,2018.

家可以通过互联网以不同的格式读取到自己所需的财务信息，而且可以将数据以任何形式保存，在很大程度上降低了数据输入、传递和分析成本。

以上这些特性使 XBRL 在企业管理、审计、证券市场、贸易与纳税、金融与行政、监管等领域都有广泛的应用。

目前，一些国际组织和国家政府监管机构以及商业机构都实施了 XBRL 应用项目，并取得了良好的成效。在我国，XBRL 实际应用虽然处于推广阶段，却也取得了不错的成绩，其中，在财政部、银监会、国资委、证监会等以及一些典型企业中都得到了试行。

四、XBRL 的技术架构

XBRL 技术架构大致可划分为技术规范、分类标准和实例文档三层（图 6-20）。

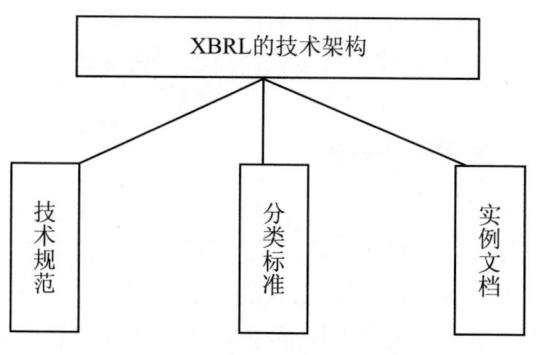

图 6-20 XBRL 的技术架构

（一）技术规范

XBRL 由一系列技术规范组成。技术规范定义了 XBRL 的语法规则，用以规范分类标准和实例文档的创建和使用方式，由 XBRL 国际组织负责制定和维护，是全球通用的技术标准，用户可以免费获取 XBRL 技术规范，不需要任何许可授权费用。

我国采用修改引用的方式引入 XBRL 国际组织发布的 XBRL 技术规

范,并由国家标准化管理委员会发布为《可扩展商业报告语言(XBRL)技术规范》(CB/T25500－2010)系列国家标准,该标准具体包括了基础、维度、公式和版本4个技术规范。

(二)分类标准

分类标准是描述关键数据元素的文档,这些数据元素包含在特定类型财务报告系统的实例文档中。XBRL为企业报告中的每个项目建立不同的标签,所有标签统称为分类标准。分类标准定义了每个项目的属性以及它们之间的关系,相当于行业业务信息的交换词典。①

(三)实例文档

实例文档是企业财务报告的实例文件,主要包含财务报表中的标签和数据。XBRL根据财务报告中的标记与会计业务数据之间的对应关系,使用应用程序自动从会计业务数据库中提取数据,并生成实例文档。类似地,实例文档也可以使用特定软件导出为更直观的文档。②

五、XBRL发展的展望

XBRL在发达国家应用日益广泛,而作为发展中国家的中国,更是应该做好推广工作,推动会计信息化的进程。

应推动逐步实施通用分类标准,推动各监管部门和企业扩大XBRL的应用。同时,还要加强XBRL推广应用的组织、领导和协调,加强人才队伍建设,为XBRL的推广应用提供人才保障。通过在各高校开展专项培训、制作知识手册、举办知识竞赛等方式,鼓励社会各界积极参与,从而推动我国会计信息化的进程。

---

① 甄阜铭,刘媛媛. 会计信息系统ERP基础[M]. 长春:东北财经大学出版社,2018.
② 同上.

参考文献

[1]赵惠芳.企业会计学[M].北京:高等教育出版社,2002.

[2]曹建安,薛许军.会计学[M].北京:中国财政经济出版社,2004.

[3]王耀忠.会计信息化[M].成都:电子科技大学出版社,2004.

[4]张禾.基础会计学[M].西安:西安交通大学出版社,2008.

[5]张改娥,赵丽萍.企业会计核算与内部会计监督[M].北京:中国物价出版社,2001.

[6]方慧.中级财务会计[M].上海:上海财经大学出版社,2012.

[7]贺知东.企业成本管理操作实务大全[M].北京:企业管理出版社,2018.

[8]马建军,于琪,王巍,等.财务共享实训教程[M].北京:电子工业出版社,2017.

[9]苏君,谢萍.会计学[M].北京:经济科学出版社,2004.

[10]韦德洪,张星文.财务控制学[M].北京:国防工业出版社,2009.

[11]贾小强,郝宇晓,卢闯.财务共享的智能化升级[M].北京:人民邮电出版社,2020.

[12]贺志东,王节.最新内部控制管理操作实务全案[M].北京:电子工业出版社,2018.

[13]孙玥璠,谢萍.会计学(第3版)[M].北京:经济科学出版社,2015.

[14]杨亚平.财务会计学[M].武汉:华中理工大学出版社,1999.

[15]李海波,刘学华,宋胜菊.管理会计[M].上海:立信会计出版社,2010.

[16]孙晓鲁,董成,高天宏.管理会计学[M].兰州:兰州大学出版社,2002.

[17]王秋燕,王涌.管理会计[M].哈尔滨:哈尔滨工业大学出版社,2019.

[18]丁皓庆,冀玉玲,安存红.现代信息技术与会计教学研究[M].北京:经济日报出版社,2019.

[19]李海波,刘学华.新编管理会计[M].上海:立信会计出版社,2005.

[20]沈东,张洪涛,汪波,等.财产保险公司财务管理[M].北京:首都经济贸易大学出版社,2014.

[21]崔庆江,王蕾,张振宁.企业预算管理体系构建与运行[M].北京:新华出版社,2007.

[22]李海波,刘学华.新编管理会计[M].上海:立信会计出版社,2001.

[23]贺志东.如何成为优秀的财务总监[M].北京:电子工业出版社,2020.

[24]张天西,薛许军,刘涛.财务会计[M].上海:复旦大学出版社,2010.

[25]万希宁.财务与会计信息化实用教程[M].武汉:华中科技大学出版社,2003.

[26]付建华.财务共享[M].上海:立信会计出版社,2019.

[27]陈沉.会计学原理及教学案例[M].广州:华南理工大学出版社,2020.

[28]刘曼路,凌春华.电子商务中的财务与会计[M].杭州:浙江大学出版社,2001.

[29]袁家荣,王志伟,贺旭红.管理会计实务[M].北京:中央广播电视大学出版社,2016.

[30]周瑜,申大方,张云娜,等.管理会计[M].北京:北京理工大学出版社,2018.

[31]孔玉生,张华.会计学教程[M].南京:南京师范大学出版社,2007.

[32]何玉润,欧阳爱平.会计学原理[M].北京:经济科学出版社,2013.

[33]袁广达,姚晖.会计学原理[M].北京:经济科学出版社,2007.

[34]李梁.会计信息系统分析与设计[M].上海:立信会计出版社,2002.

[35]刘俊勇.管理会计[M].沈阳:东北财经大学出版社,2019.

[36]蒋蓓.云计算与广电应用探析[J].视听界(广播电视技术),2011(4).

参考文献

[37]许知博,刘钊.基于云计算的工厂信息监测系统设计[J].电子科技,2012(5).

[38]赵美艳.浅谈数据挖掘研究及其应用[J].电子世界,2013(12).

[39]张文慧.新经济环境下完善编制全面预算的对策建议[J].现代商业,2020(36).

[40]吕丹.共享引领转型[J].首席财务官,2017(15).

[41]王胜川.基于云计算的存储技术研究[J].石油工业计算机应用,2011(2).

[42]曾轶雄.顺应"互联网+"发展趋势探索电子商务统计新思路[J].统计科学与实践,2016(1).

[43]孔令军.基于企业战略的全面预算管理[J].合作经济与科技,2010(24).

[44]李琴.大数据时代管理会计在山西煤炭企业发展应用探析[J].内蒙古煤炭经济,2018(21).

[45]Qin Li.Analytical Study of Financial Accounting and Management Trends Based on the Internet Era[J].Computational intelligence and neuroscience,2022,1687-5273.